知的生きかた文庫

リーダーのコミュニケーション習慣力

三浦　将

JN080462

三笠書房

はじめに

まわりの人たちに対して、なぜかイライラしてしまう。

なぜ、こういうふうにしないのか？　できないのか？

相手を変えたい。動かしたい。

けれども、こちらの思いとは裏腹に、一向に変わろうとしない人たちに対する不満は募《つの》るばかり。


仕事の現場において、まわりにいる人、部下や上司、同僚などは、お互いに大きく影響し合う人たちです。

関係が近いがゆえに相手への要求も厳しくなり、その人の変えてほしい態度や行動がやたらと目についたりします。

あるいは、相手の話を聞いている最中も、「この人のこういうところ、何とかならないかなぁ……」などと気になって、話に身が入らないということもあるのではないでしょうか。

人を動かす力は、影響力でもあります。

質問の技術や、褒める技術など、コミュニケーションについて書かれた本は数多くありますが、コミュニケーションのノウハウやスキルをいくら身につけても、一向に目の前の相手は動かず、影響を及ぼすこともできなかったという経験をされた方もいるでしょう。

一方で、部下をはじめ、まわりの人々に大きな影響や変化をもたらすことができる優れたリーダーがいます。

このような人は、どんなことを考え、どんなことを実践しているのでしょうか？

「まわりの人に影響を与えたり、変えたりするには、カリスマ性が必要なのでは」と考える方もいるかもしれません。

しかし、これは、いわゆるカリスマ性の問題ではありません。

この力は、**研鑽《けんさん》次第で誰でも持ちうる力です。**

意識と行動を習慣化することによって、あなたも無理なく、自然にこの力を得ることができるのです。

その構造を簡単に言うと、
あなたの習慣が変わる　↓　それによって、相手の意識、潜在意識の両方に影響を与えることができるようになる　↓　相手が動く、相手が変わる
という流れになります。

私はこれまで、企業研修や講演、コーチングのプロとして、何万人もの人たちと交流してきました。それらの経験から、先述のようなリーダーが行っているコミュニケーションの習慣には、プロのコーチが駆使するコミュニケーション・エッセンスが詰まっている、ということに気づいたのです。

そのエッセンスを開示したのが、本書です。

これからご紹介するのは、コミュニケーション・テクニックのノウハウ集のようなものではありません。

優れたリーダーが実践しているコミュニケーションのコアにある「一番大切なこと（最も価値の高いこと）」を、メンタルコーチングのメカニズムや、アドラー心理学、認知心理学の観点でご紹介し、そのエッセンスをあなたにも身につけていただくことを目的としています。

読み進めるうちに、きっとあなたは、自分自身に望ましい変化がもたらされていることに気づくでしょう。

コミュニケーションの新たなる世界に、ようこそ！

CONTENTS

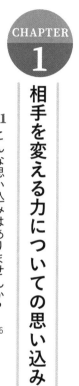

CHAPTER 2

相手の潜在意識に働きかける

CHAPTER 3

大事なことはスキルではなく承認すること

CHAPTER 4

相手を動かし、変えることができる人

CHAPTER 5

習慣化の技術

CHAPTER 6
Case Study

"できる"から"やっている"に変える対話術

本文イラスト　村山宇希（ぽるか）

Prologue

相手が変わるとはどういうことか

01

目の前の相手が無理なく自然に変わっていく

よい習慣で相手が変わる

●部下が自分からこんなふうに行動してくれたら
●上司がこういう言い方をやめてくれたら
●他の部署に快く協力してもらえたら

目の前の人に「こう動いてほしい」と思う場面は、あなたの仕事の場面で実にたくさんあるのではないかと思います。

一方、本などで仕入れた説得力の知識などを使いながら、相手を動かすことを試してみるも、一向に変わらない。場合によっては、**やればやるほど相手は反発し、状況や関係がさらに難しいものとなってしまうようなことさえあります。**

私は、プロコーチとして、そしてプロの企業研修講師として、人に「気づき」と「行動の変化」をもたらす仕事をしています。

メンタルコーチという職業は、日本ではまだあまり一般になじみのない職業かもしれませんが、アメリカなどでは、有力企業の経営者の多くは、普段からメンタルコーチの助けを借りて活躍しています。

人は気づくことによって、自ら態度や行動を変え、より自分らしい生き生きとした人生に向かって進んでいきます。そのような変化が起こることが、私の仕事の成果であり価値でもあります。

コーチングについては、企業の経営者、重役の方々をはじめ、新進気鋭の起業家、オリンピック日本代表アスリートや、プロスポーツチームの指導者、医師や、アナウンサーなど、多方面の方々に提供させていただいています。

クライアントがよい習慣を身につけて、自分自身を変えていくことのお手伝いも、私の仕事の重要な部分です。そんな経験の数々から、おかげさまで、累計20万部を超えるベストセラーとなった『自分を変える習慣力』（クロスメディア・パブリッシング、2015年刊）が生まれました。

そして、よい習慣の中には、自分だけでなく相手に影響を与え、相手を変えていく、本質的な力があることに確信を持つようになりました。これらは、相手に変化をもたらすことを求められているコーチとしての私自身が、普段から心がけている習慣でもあります。

「変えてやろう」は逆効果

かくいう私も、かつては悩み深い会社員生活を送っていたことがあります。特に人間関係や、マネジメントにおいては、苦い経験の連続でした。

私はリーバイスやギャップなどの外資系グローバルブランドを中心に、数社での仕事に従事しましたが、その中には、業界の知識や経験がまったくない分野の仕事もありました。

そこでは、相手の言っていることの本質を理解することが難しく、逆に私がわかってもらいたいことの真意が、ちゃんと伝わらないという状態が続きました。


当然、部下やチームのマネジメントも上手くいきません。

部下は面従腹背、中には反発したり、明らかに敵意を持っている人もいました。

私は私で意地になり、挙句の果てには、マキャベリズムなども応用し、権限者というポジションパワーだけでマネジメントをすることまで始める始末。

今考えれば、本当に愚かだったと思います。

あのときの私を上司に持ちたい人は、おそらく世の中に誰もいないでしょう。

当時、私の心の大部分を占めていたのは、「相手を動かしてやろう」「相手を変えてやろう」という思いでした。そのため、影響力に関する本や、説得力に関する本をとにかく読み漁《あさ》りました。
しかし、（おわかりだと思いますが）**相手は一向に変わりません。変わらないどころか、反発は強まる一方**。滑稽なほどのひとりよがりなリーダーのでき上がりです。

しかし、この苦い経験が、私をメンタルコーチングの道に導いてくれました。袋小路のような状況をどうしたら打破できるかを思い悩む日々が続いた中、行き着いたのがメンタルコーチングだったのです。
当初は、目の前の問題を解決するために習得し始めたわけですが、今では私の仕事の中心である、企業の人材成長支援・組織開発のコンサルティングや、企業研修の豊かな土台となってくれています。

メンタルコーチとして、目の前の相手が無理なく自然に変わっていくことを後押しし、時にはリードするための方法を数多く学びました。それには、コミュニケーション的なスキルも多く含まれています。これらはとても大切なスキルです。

また、メンタルコーチングを突き詰めれば突き詰めるほど、いつも突き当たる壁がありました。それは、「自分自身が普段からどのような意識で目の前の人と向き合っているか？」ということです。

試行錯誤をする中で、コミュニケーションにおいてはもちろんスキルも大事ですが、**それよりも、「相手にとってどんな存在となるか？」という「在り方」を習慣によって養成することのほうが、相手が動く、変化するという成果に大きく影響を与えるのだと確信するようになりました。**

エグゼクティブコーチとして、世の中で、大きな力を発揮しているビジネスリーダーたちにコーチングを提供してきた経験から、このような「在り方」は、人を動かすというよりも、相手が思わず動きたくなるような状態を作りだすことができる、優れたリーダーたちに共通する「在り方」であると実感しています。

相手が変わるステップ

この本は、そんな経験から知ることができた「優れたリーダーのコミュニケーションの習慣力」についてお伝えする内容になっています。

最新の経営理論や、複雑なＩＴスキルのように難しいものではありません。

どうか安心してください。

相手が本質的に変わることは、次の順番で起こります。

あなたの習慣が変わる　↓　それによって、相手の意識、潜在意識の双方に影響を与えることができるようになる　↓　相手が動く、相手が変わる

相手が変わるためには、あなたの習慣を、相手の潜在意識によい影響を与えることができる習慣に変えてあげればいいのです。

これらは、少しずつ始めることによって、確実に身につき、そして、あなたの「人

間力」をも高めてくれる習慣です。

この本でお伝えすることには、3つのポイントがあります。

1　人は、相手を動かすため、変えるために何が必要かについて、多くの思い違いをしている

2　目の前の相手を動かすため、変えるためには、相手の潜在意識にどう働きかけるかが重要

3　ここでお伝えする習慣を身につけることは、あなた自身の自己肯定感をも高めてくれる

前述のように、実際に私は多くの思い違いをしていたことがあり、それによる大きな失敗を経験しています。

そして、その思い違いを修正することによって、プロコーチ／プロ講師として、目の前の人たちに劇的な変化が起こっていくことも目の当たりにしてきました。

誤解なきようにしておきたいことは、潜在意識に働きかけるというのは、相手をコントロールしようとすることではありません。言わば正反対のことです。この神髄についてては、後ほど詳しく触れていきます。

そして、**この本を読むにあたり、私が強調しておきたいのは、「読んだだけで終わらせないこと」。**

知識を知識で終わらせず、実践することを通して、この力溢れる習慣を身に付けて、あなた自身に、そしてあなたのまわりの人々に貢献していただきたいというのが、実際にたくさんの失敗を経験し、そこから多くを学んできた者としての思いでもあります。

繰り返しますが、それらをあなたの中で習慣化していくことは決して難しいことではありません。

こうしてこの本を手にされているあなたには、きっとそれができるはずです。

02 相手を変えようとする人に起こりがちなこと

上司と部下の会話から

私がチームビルディングのお手伝いをさせていただいている企業クライアントに所属するBさんは、ある企画チームを統括する役目の方。

Bさんにはあるイライラがありました。その原因の一つは、PR担当のJ君。J君との仕事の会話は、特にBさんをイライラさせるものとなっていました。

J君は、自分がPRする製品のコアユーザーでもあり、ユーザーの気持ちをリアルにわかるという強みを持っています。そこは、Bさんのほうが足りていないところでもあり、その点ではJ君に一目置いているのも事実です。

一方、J君から出てくるPR企画のアイデアは、いつも同じパターンの焼き直しが多く、新しいアイデアがなかなか出て来ないと、Bさんは感じていました。

経験上、「PR企画には、新しいフレッシュなアイデアが欠かせない」と強く思っているBさんは、J君があげてくるPR企画案の提案を聞いていると、いつもイライラを抑えきれませんでした。

Bさん「何かこれ、いつものパターンだな。何か新しい切り口はないのか？」
J君「この切り口は、これまでも効果がありましたし、ユーザーの心をちゃんと捉えることができると思います」
Bさん「いつもそうとは限らないぞ。常に新しいアイデアを考えるのは、担当としての使命でもある。そして、常に進化を目指し、研鑽していく姿勢が求められるところでもあるはずだ」
J君「これでも考えてやっているつもりですが……」
Bさん「アイデアがないんだよ、お前は」

J君「……」

Bさんのイライラは増大していきます。

しかし、**このような会話が続くことで、果たしてJ君は、アイデアを積極的に出すビジネスマンに変わっていくでしょうか？**

Bさんに話を聞いてみました。

私「J君との会話で、イライラするのですね」

Bさん「そうなんです。PRという仕事は、言わば会社の仕事の大事なバトンを最後に渡されているようなものです。それを甘く考えているような感じが見受けられると、怒りたくもなりますね」

私「J君をどう見ているんですか？」

Bさん「製品のコアユーザーだし、製品への愛着は人一倍あると思いますが、やはりアイデアがないんです。それに新しいアイデアを出そうという意欲もない」

私「本当はどうなるといいですか？」

Bさん「もちろん、J君が積極的に成長意欲を見せてくれ、どんどんアイデアを出して、製品の売上に貢献してもらいたいですよ」

私「そのためには？」

Bさん「そのために、いろいろやっているつもりなんですが…… 説得力の本とかも随分読みましたし……」

私「やっているんですね」

Bさん「でも、一向に成果が上がらないことに、イライラやモヤモヤでいっぱいなんです」

ポジションチェンジで会話を再現

Bさんは、この状況を何とかしたいと思っています。元来、努力家のBさんは、そのために、たくさんの本を読んだりしながら、相手を動かし、変えることについて、自分なりにやってきました。それでも一向に成果が上がらないことに困り果てた末、友人の紹介で、私にご連絡をいただいたわけです。

私「ちょっと変わったことをやってみたいのですが、いいですか？」

Bさん「ええ、はい」

私「もう一つ椅子をBさんの隣に用意します。変な話ですが、そこにJ君が座っているとイメージしながら、会話をしてもらっていいですか？」

Bさん「はい……」

私「最近のJ君との会話を思い出してください。そして、そのときの会話を今ここで再現しているという感じで、そこの椅子（J君が座っていると想定している椅子）に向かって話しかけてくれます？」

Bさん「わかりました。やってみます」

私「話していると、例のイライラやモヤモヤが出て来て、嫌になるかもしれませんが、その辺りもしっかり感じてみてください」

Bさん「わかりました」

Ｂさんは、数日前のＪ君とのやり取りをそこで再現してくれていました。話が進むと、Ｂさんにイライラの表情がハッキリと浮かんでくるのがわかりました。

私「どんな気持ちですか？」
Ｂさん「やはりイライラしますね。いっそのこと〝黙ってやれ！〟とでも言いたくなってしまいます」
私「そうなんですね。では、今度は、いったん今の椅子から立ちあがって、Ｊ君の椅子に移動してもらっていいですか？」
Ｂさん「はい」
私「そして、これまた変な話ですが、今度はＪ君の立場で、その気持ちになりきって、Ｂさんに向かって話をしてもらっていいですか？」
Ｂさん「Ｊ君として、私に話しかければいいんですね」
私「そうです。意外となりきれますからやってみてください」
Ｂさん「やってみます」

J君になりきったBさんは、今度はJ君の立場で、同じ会話をしてみました。すると、（J君になりきった）Bさんの姿勢が、少し猫背になり、沈んだ表情になっていくのが、こちらからもよくわかりました。

私「J君として話をしてみてどうですか？」

Bさん「何だか（上司である私が）全然認めてくれていないんだな、ということがよくわかりました。焦っているし、怒っているし」

私「どんな気持ちになりました？」

Bさん「何言っても否定されるっていうか、自分の〝べき論〟を押しつけてくるというか、とにかく早く話を終わらせたいという気持ちでしたね」

私「他には？」

Bさん「こっちが〝アイデアがない人間〟ということを決めつけて話している気がするので、話す気がなくなります」

私「そうなんですね」

Bさん「あと、こちら（J君）のほうが、業界のことやユーザーの気持ちがわかっているので、何とかして上司としての威厳を見せたいと、虚勢を張っているというのも見え見えでした」
私「見え見え？」
Bさん「そう、そんなことする必要ないのにね」
私「身体の感じなどはどうです？」
Bさん「ちょっと縮こまる感じ」
私「何が起こっているのですかね？」
Bさん「無意識に自分を守っているからなのかもしれません」

そして、J君の椅子から立ち上がってもらい、大きく伸びをしてから、再び元のBさんの椅子に座っていただきました。

私「今、両方の立場で話してみて、何に気づきました？」
Bさん「正直、〝ああ、やっちゃってた！〟って感じでしたね」
私「と言うと？」

Bさん「J君を変えたいと思っていながら、J君を認めていないし、決めつけているし、押しつけているし。第一、J君の話を全然ちゃんと聴いていないですね。話を聴いているときも自分のことだけを考えているし……」

私「そう感じたのですね」

Bさん「J君の立場からしたら、こういう相手に言われて素直に動こうとか、変わろうなんて思うわけがないですね」

私「どうしたらよさそうですか？」

Bさん「J君の気持ちになったら、〝やっていることをもっと認めてもらいたい〟と。まずはそこからですね。あと、あまり〝自分が上だ！〟という感じを出すのは、よくないなと」

私「どういうことですか？」

Bさん「上司として〝できる人間だと見せなければいけない〟とか、そういう自分目線のことばかり考えていると、相手は距離感を感じるというか、上からの目線を感じるというか、上手く言えないけど、そういうことです。思い込みが支配しているんですね、多分」

さて、ここまで読んで、あなたはどう感じたでしょうか？

このように、まるでその人になったつもりで会話を再現してみることを**「ポジションチェンジ」**と言います。

Bさんと J君とのやり取りを紹介しているのは、「相手を動かす」「相手を変える」ということについての真髄が、この会話に網羅されているからです。

このコーチングセッションで多くのことに気づいたBさんは、自分がやり続けていた習慣を、よりよい習慣に徐々に変えていくことにしました。

それは、

- **思い込みに支配されないこと**
- **相手の話をしっかり聴くこと**
- **意識を相手に向けること**
- **相手を承認すること**
- **レッテルを貼らないこと**

ポジションチェンジで相手との会話を再現すると、
見えないことが見えてくる

●相手のよいところに注目すること
●上から目線をやめること
……などなど。

その後、数回のコーチングセッションを重ねながら、具体的な行動プランを立て、Bさんは一つひとつを確実な習慣にしていく実践を積み重ねていきました。

そして、数カ月後、J君からは、ちゃんとアイデアが出てくるようになり、やがては新鮮なPR企画が次々と生まれていったといいます。

そして、Bさんの企画チームは、J君に限らず、多くの人が積極的な行動と、その本質的な変化を見せるようになり、そのチームワークとチーム力は以前とは段違いのものになったといいます。
Bさんのイライラやモヤモヤは消え去り、笑顔や談笑も随分増えました。
そして、Bさんのまわりの人間はみな感じていました。

一番変わったのは、Bさん自身であったことを。

これは、あるビジネスシーンを取り上げた例ですが、親が子どもに何とか勉強をしてもらいたい場合、妻や夫に変えて欲しいことがある場合など、似たような状況があなたのまわりにはあるのではないかと思います。
それらの場合も、大事なポイントや、身につけるとよい習慣は先程のケースと同様です。

次のCHAPTERでは、Bさんにこのような望ましい結果をもたらしたポイントに代表される、「リーダーのコミュニケーション習慣力」についての要諦を、実例も交えながら詳しくお伝えしていきます。

CHAPTER 1

相手を変える力についての思い込み

01 こんな思い込みはありませんか？

できる人だけが影響力がある？

「目の前の相手を動かすことができる人、変えることができる人」と聞いて、どんな人が思い浮かぶでしょうか？

輝くような経歴があり、社会的ポジションの高い人
理路整然として、説得力に溢れる人
何かの分野で突出した力がある人

このように、社会的ポジション、説得力、専門性などは、相手に影響を与えるための大きなポイントであることは確かです。

特に、ビジネスシーンにおいては、これらが多くの場面で力を発揮し、人を成功に導いてくれる重要な要素でもあります。

しかしながら、**これらの要素は、必ずしも相手を動かすため、変えるために、最も必要とされる条件ではありません。ましてや、十分条件でもありません。**

目の前の相手を動かし、変えるために、これらの力が絶対的に必要だと思うことは、あなたの「思い込み」なのです。

もちろん、まったく関係ないと言っているのではありません。もし、あなたがこれらの力をすでに持っているのであれば、それは素晴らしいことですし、それがより相手のためにもなるということは、疑いようもありません。

また、この本を手にしながら、「私にはそんな力はないなぁ」と思っている人も安心してください。

あなたが変わってほしいと思っているのが、部下であれ、上司であれ、また、他部署の人間であっても、本当に大事なことは別にあります。そして、その大事なことをあなたが身につけることは、決して難しいことではないのです。

あるマネージャーのお話

ここで、あるクライアントのお話をお伝えします。Kさんとしておきましょう。

Kさんは、ある大企業のマネージャー職にある方。高い学歴と能力を持ち、きら星のような経歴の持ち主です。金融分野のスペシャリストで、その点では、業界の中でも一目置かれる存在でもあります。


そんなKさんの悩みは、部下の指導や、チーム作りに関してでした。現場のスペシャリストとして突出した業績を上げ、異例のスピードでマネージャーへと昇進し、意気揚々とチーム作りを始めたKさんでしたが、想定に反してことは思うようには進みませんでした。

そして、いつの間にかマネージャーとしての行き詰まりを感じるようになりました。Kさんは元々温厚な方ですが、ストレスは募り、時には部下に対して大声でどなりつける場面も見られるようになりました。

Kさんにとって、リーダーとしての仕事は、それほど計算外のことの連続だったのです。

●部下の考えていることがわからない

●部下が思うように動いてくれない

●部下の仕事に対する姿勢を何とかしたい

こんな思いの反面、いつしかマネジメントに費やす時間は減っていき、得意な現場の仕事に集中するようになっていきました。

これは、言ってみれば、マネジメントからの「逃げ」でもあったのです（本人は気づいていませんでしたが)。
できない部下の業務も自分が引き受け、進めていきます。そのほうが早いからです。こうなると、さらにチームは機能しなくなり、Kさんの残業時間は増える一方です。Kさんはこの悪循環から抜け出せず、苦しんでいました。

Kさんはとても優秀な方です。業務に関しては、非常に高いレベルでのスペシャリストでもあります。

だからこそ、部下たちの「できていない部分」や「ダメな部分」が、すぐ目についてしまいます。そしてそれらが目につくと、相手を変えたくなり、ついつい厳しい指導をしてしまいます。

また、Kさんには、問題発見・問題解決という回路が染みついています。これは仕事ができる人の性分です。できるがゆえに、問題発見力のレベルも高い。そして、問題を発見したら、解決したくて仕方がなくなるのです。

だから、部下ができていない部分が目について仕方なくなり、変えようとしたくなります。

しかし、業務上の問題解決は得意でも、Kさんにとって、この「相手を動かす」「相手を変える」という問題解決は、まったく思うようにはいきませんでした。

これまでの人生を、その溢れる才能と努力で切り開いてきたKさんからしてみれば、この経験は、まったく理解不能のことでした。何が起こっているかもちゃんと把握できず、ただ苛立ちと焦りの日々が過ぎていきました。

そんな状況の中で、Kさんが「光明を見い出せるのでは」と思い、訪ねたのが、私の研修であり、メンタルコーチングだったのです。

思い込みを断捨離する

目の前の相手を動かすために、こちら側に必要なこと。

みなさんはどんなことだと思いますか?

「リーダー自身が優秀であること」

これが真っ先に思浮かぶ人は多いと思います。

確かにそうでしょう。相手からなめられていては、影響を与えることは難しくなります。だから多くの人は、優秀になるために切磋琢磨します。

現に、この本を手に取っているあなたは、向上心が強く、常にその能力をアップさせようとしている人なのではないかと思います。

優秀な自分になるために切磋琢磨することは、とても価値の高いことだと思います。

一方、相手を動かすため、変えるために、「優秀であること」が第一条件であるという考えについては、思い込みに過ぎないということを、ここに確信を持って、繰り返しお伝えしなくてはなりません。

平たく言えば、「目の前の相手を動かすため、変えるために、なめられていては話にはならないが、特別に優秀である必要はない」、また、「あなたが特別に優秀だということだけで、相手はこちらの思うように動いてくれたり、変わったりはしない」ということです。

これは優秀であることが無意味だと言っているのではありません。

「相手を動かすため、変えるためには、優秀でなければいけない、優秀だと思われなければいけない」という思い込みから、あなた自身をぜひ解放してあげてほしいのです。

この思い込みがむしろ相手を変えにくい方向に持っていってしまっているのも事実です。だから、第一に必要なことは、この思い込みを断捨離することなのです。

この辺りで、お伝えしておきたいことが一つあります。

ここまで読んでみて、「相手を動かす」「相手を変える」という言葉自体に違和感のある人もいるのではないでしょうか?

「動かす」「変える」という言葉に、何か妙な意図を感じるとか、コントロール感を感じるとか、そういう感覚を持っている人もいると思います。それ、とても大事なポイントです。

目の前の相手に動いてもらうには、ガチガチにかたまった思い込みを外す

この本は、「相手を動かしてやろう」とか、「相手を変えてやろう」「コントロールしてやろう」という意図を応援するものではありません。もし、それらの意図が強い人がいるのであれば、その意識こそが、相手がテコでも動かない、一向に変わらない原因であるのです。

ちょっと変な言い方になりますが、**相手を動かしてやろう、変えてやろうとする意図やコントロール感を減らせば減らすほど、相手は思わず動きたくなり、変わっていくのです。**

このことは、CHAPTER2で詳しくお話ししていきます。

それは真実ですか

ところで思い込みとは何でしょうか？
思い込みとは、あなたの知識や経験をもとに、あたかもそれが真実であるかのように信じ込んでいることです。

例えば、昔の人は、地球は不動で、天や太陽が地球の周りを回っていると信じ込んでいました。太陽は東から昇り、高く上がって、やがて西に移動する。これを見れば、ほとんどの人が「太陽のほうが動いている」と信じ込むのは無理もないでしょう。

しかし、ご存じのように事実は違うのです。
当時の書物には、天動説が常識として唱えられていました。それを知識として得た人たちは、あたかもそれが真実であるかのように思い込んでいたのです。

そう、思い込みは真実とは違うのです。

人間はこの思い込みというものに多大なる影響を受け、人生が大きく左右されます。

それは、よい影響もあれば、そうでない場合もあります。

例えば、「いい大学に行けば、幸せな人生が送れる」という思い込みは、人を一生懸命に勉強する方向に持っていってくれるかもしれません。

一方、いい大学に行けるほど頭がよくないと思っている人や、自分が出た大学がいい大学ではないと思っている人が、この思い込みを持っていると、極端な話、「いい大学を出ていないから、幸せにはならない」という強い思い込みまで出てきてしまうかもしれません。そして、これだけで人生を諦めたようになってしまうということも起こりかねないのです。


では、この思い込みは、果たして真実でしょうか？


もうおわかりですね。その反例は、世の中に数えきれないほどあります。

いい大学を出ていなくても、幸せな人はたくさんおり、「いい大学を出ていないから、幸せにはならない」という思い込みは、明らかに真実ではないのです。

そして、今後、企業の採用方式、評価方式の進化や、独立起業の推進などで、ビジネスシーンで活躍するために、「いい大学を出ていること」の影響がどんどん少なくなっていく社会になっていくことでしょう。

思い込みは、人生を左右させるほどの力があります。

そして、時に人は思い込みに苦しみます。

だから、よくない影響を与える思い込みを修正することは、人生をより生きやすいものにします。

メンタルコーチの役目は、このような思い込みを解消することでもあります。

コーチングを通じて、事実を正しく見たり、物事を多様な面から見たりすることが、望ましくない思い込みを解消することにつながります。

あなたの中の思い込み

さてここで、あなたにはどんな思い込みがあるかを見てみましょう。
次の内容と、あなたが信じていることを照らし合わせてみてください。

相手を動かしたり、変えたりするためには……

- 優秀でなければならない
- 高いポジションにつかなければいけない
- ぐいぐいと引っ張るリーダーシップを持っていなければいけない
- 相手をコントロールできていなければいけない
- 弱みを見せてはならない
- 相手が自分に恐れを持っているぐらいの状態でなければならない
- 威厳がなければいけない

●話が上手でなければいけない

いかがですか？

自分の中にある何かに気づいたでしょうか？

また、「自分は、この中のいくつかを信じているが、それらは思い込みではなく真実だ！」と感じている人もいるかもしれません。

ここで大事なことは、それが思い込みであろうと真実であろうと、あなたが現時点で、どんなことを信じているかを確認することです。

ここに挙げたことが、相手が動かない原因、変わらない原因とどう関係があるかについても、詳しくお話していきます。

Check Lists

- □「相手を動かすため、変えるためには、優秀でなければいけない」は思い込みに過ぎない
- □ あなたが特別に優秀だということだけで、目の前の相手は変わったりしない
- □ 思い込みと事実は違う
- □ 思い込みには人生を左右させるほどの力がある
- □ どんな思い込みを持っているかを気づくことはとても重要

02 影響力から関係性へ

アドラーが教えてくれたこと

企業研修やコーチングを行っていて持ち込まれる最も多い問題は、何と言っても人間関係の問題です。上司、部下との人間関係に苦しむケースや、職場の他のメンバーや他部署との関係など、実に様々です。

また、会社で人が辞める理由の大部分は上司―部下の人間関係にあるとも言われています。

「あらゆる悩みは、対人関係の悩みである」

心理学者であり、心理療法家でもあったアルフレッド・アドラーの言葉です。

人が抱える悩みは、表層的には、自己の能力の問題であったり、目標の未達の問題であったりしますが、深層に入っていくと、それらが人間関係に関連していることがほとんどです。

コーチングセッションで、詳しく聴いていくと、どんな課題にも人との関わりが絡んでくることを、経験から実感しています。人間関係は、それくらい大事な人間の基盤であると言えます。

このように、人が心を痛めることの多くは、人との関係。また、人が幸せを感じることの多くも、人との関係なのです。

アドラーが提唱したことに「幸福の三条件」というものがあります。この3つがどれだけ満たされているかが、幸福を感じる度合いのバロメーターになるという考え方です。

❶自己受容

これは自分のことをどれだけ認めていて、大事にしているか、受け入れているかということです。自己効力感とか自己肯定感というようなことにも関連します。

注目すべきは、能力や地位や年収が高いからと言って、その人の自己受容度が高いとは限らないということです。

『天才バカボン』という昔の漫画をご存じでしょうか？

この漫画、主人公がタイトルのバカボンではなく、その父である「バカボンのパパ」であり、天才はバカボンではなく、弟のはじめちゃんという面白い設定です。

バカボンのパパの現れるところ、いつもまわりがしっちゃかめっちゃかになります。常識も何もあったものではない。そして騒動が一通り収まったところで、いつものパパの一言が出ます。

「これでいいのだ」

まわりの人からすればしっちゃかめっちゃかの状態でも、パパにとっては、「これでいいのだ」なのです。そういった意味では、バカボンのパパほど自己受容度の高い人間を見つけるのは難しいでしょう。

ちょっと極端な例を出しましたが、自己受容とは、他人からの評価がどうであれ、自分の考え方や、行動や、そして自分の存在自体に「これでいいのだ」と心から思えているかどうかなのです。

さて、あなたの中の自分自身に対する「これでいいのだ度」は、１００点満点中、何点ぐらいでしょうか?

年　月　日

点

❷他者信頼（所属感）

お互いを信頼し合っている関係は、幸福度に大きな影響を与えます。お互いを信頼し合っている度合いの高い集団の中にいるとき、人は強い所属感を感じます。家庭でも、学校でも、会社でもそうです。

アドラーは、この所属欲求というものを人間の根源的な欲求であると言っています。「居場所がない」という感覚は、この欲求に反するものです。

例えば、不良グループに属そうと考える子どもたちなどは、家庭や学校で、自分の居場所がないと感じる状態があり、自分の居場所を見つけるために、自分を受け入れてくれる場所に身を置こうとするのです。

ベストな選択ではないことは内心わかっていても、たとえそれが、不良グループであっても、自分が少しでも所属感を感じる場所であればいいのです。

これは、地方都市に本社を構え、従業員のほとんどが車で通うというある企業クライアントに、最初に伺ったときに聞いた話ですが、その会社の新入社員や中途社員の中には、昼食をいつも自分の車の中で済ませるという人たちがいたそうです。

これは、まさに居場所がない状態。会社が「ホーム」ではなく、「アウェイ」なのです。

所属感がないので、仕事場で安心を感じたり、幸福を感じたりする度合いは、かなり低かったことが想像されます。ましてやモチベーションなどは、上がろうはずもありません。

当初この会社は、高い離職率に悩んでいました。

そして、人材成長支援・組織開発のコンサルティングで、最初に取り組んだことの一つが、社員の所属感を上げる施策でした。

コミュニケーション研修やチームビルディング研修などを通して、これに取り組みました。やがて所属感や、従業員同士の信頼感の数値的向上が見られるようになってきました。

そして、離職率は下がり、従業員満足度やエンゲージメントも着実に高まっていきました。かつては、離職率が二桁以上あったのが、新入社員に関しては、入社後1年間の退職数がゼロになるという結果まで生まれました。

そして、何よりも大切なことは、笑顔で仕事をする人が増えたということでした。

このように、他者が信頼できる環境にあること、所属感があることは、人が渇望することであり、これが満たされたとき、人は深い幸福感を感じるのです。

さて、あなたの今いる環境での所属感は、100点満点中何点ぐらいでしょうか？

年　月　日

点

生き方のスタイル、仕事のスタイルは人それぞれです。そんな中、人に貢献することをスタイルの中心に置こうとする人が増えてきたように感じます。

❸貢献感

千葉県の大網白里市に、大里綜合管理という不動産会社があります。この会社は、社員の多くが、勤務時間の半分近くを地域のボランティア活動に充てています。しかも、子連れ出勤ＯＫ、さらには、この会社には定年というものがありません。それでいて、40年間黒字経営という凄い会社です。

地元の駅前ロータリーに慢性的な渋滞があると聞けば、早朝から何人もの社員がボランティアで交通整理に精を出し、渋滞の緩和に貢献します。本社社屋では、地元の老人や子どもたちのためのイベントが、連日開かれています。

社員の中でも特に新入社員や、入社間もない中途社員ほど、全就業時間におけるボランティアの割合が高いのが特徴です。

この理由について、社長の野老《ところ》真理子さんは語ります。

「例えば新入社員の場合、不動産の仕事で〝ありがとう！〟をもらうまでには何年もかかってしまいますよね。でも、これだけ地域活動をしていると、入社のその日からゴミを拾うことで、地域の方から〝ありがとう！〟をもらえます。

仕事の本質って〝ありがとう！〟をもらうことです。そこにお金が伴うことですよね。社員たちは、〝ありがとう！〟を最初にもらうことで、心地よさや意義を感じ、きちんと仕事をするようになるのです」

人への貢献感、「ありがとう！」をいただける喜びは、何よりの強烈な幸福感であると同時に、人間が根源的に求めることでもあります。

世界的な成功者であるビル・ゲイツやウォーレン・バフェットらが、その全財産の半分を寄付しようとするプロジェクトがあります。ビジネスでの成功というものを経験した後、彼らが求めるところが、人への貢献への強い実感ということなのでしょう。

このように、**貢献感がもたらす幸福感（自分が人の役に立つ人間であるという自己承認）**

は、人間にとって最高レベルの幸福感と言われます。

さて、あなたが持っている、まわりのみなさんへの貢献感は、100点満点中何点ぐらいでしょうか?

年　月　日

点

この幸福三条件を見ても、一つめは自分との関係、2つめと3つめは、他者との関係についてです。このように人間関係というものは、あなたの幸福感に大きな影響を与えるのです。

自分自身との関係も含めて、人間関係がよくなければ、幸せを感じる度合いは低くなり、心の居場所がなくなったり、場合によっては深く傷ついたりもします。一方、

人間関係がよければ、心が晴れ晴れとし、仲間意識も強くなり、まわりの人へ貢献したいという気持ちも高まります。

そう、人は人に傷つき、人に救われるのです。

その関係はどんな関係？

ここまで、人間関係が人の人生や幸福度に大きな影響を与える例を見てきました。この本のテーマは、相手を動かすコミュニケーションです。

結論から言うと、**相手を動かすコミュニケーションを考えることにおいて、最も大事なのは相手との関係性です。**

そのための根本的なものは、あなたの能力や地位や財力などではありません。あなた自身のことも、もちろん大切ですが、根本的なのは、どちらか一方的なのではなく、「相手との関係性」なのです。

関係性の構築は、ビジネスの上でも最も大切なことの一つです。

例えば、営業職の仕事で最も大切なことも、顧客との関係性の構築。また、リーダーの仕事として最も大切なことも、チームメンバー、上司、他部署、そして他のステークホルダーとの関係性の構築です。

まわりの人で、あなたが「いい営業だな」とか、「いいリーダーだな」と思う人の顔を思い浮かべてください。おそらくその人たちは、人との関係性の構築をしっかりとできる人だと思います。逆に仕事についての知識や経験が卓越した人でも、人との関係性の構築がしっかりとできていない人は、本当の意味で優れたリーダーかどうかは疑問が出てくることでしょう。

私は、いくつかの会社に勤めた後、独立しました。おかげさまで、独立直後から、数社の企業クライアントや、数十人の個人クライアントのみなさんと契約させていただき、順調なスタートを切ることができました。今でも本当に感謝でいっぱいです。

その中には、外資系企業の社員時代に、私の仕事のベンダー（受注者側）をやっていただいた会社もありました。つまり、社員時代は、私がその会社のクライアントで発注者側だったのです。

退社すると決まって、その会社の社長さんと会食をさせていただいたとき、私が独立してまでやりたいと思っている企業の人材成長支援の仕事が、どんな内容かをお伝えした瞬間、「その研修、ぜひうちでもやってください！」と、その場でご依頼をいただきました。

その後お伝えいただだいた話は、こうでした。

「三浦さん、クライアントには2つのタイプがあります。一つは、お金を払っているからということで、クライアントであるという立場を、ベンダーよりも上の立場であると思って私たちに接する人。ひどいケースになると、会社の看板の力で押してきたり、振る舞いがとても横柄だったりします。

もう一つは、しっかりしたパートナーシップを持って、ヨコの関係で、丁寧に接してくれる人。こういう人との仕事は、何より楽しいですし、うちの社員たちのやる気も明らかに違います。そして、提供させていただく仕事の質も自ずと上がります。

三浦さんは、どのクライアントよりもヨコの関係で私たちに接し続けてくれました。

だから、そんな三浦さんがこれから情熱を傾ける研修は、きっと素晴らしいものに違いないという確信があるんです」

本当にうれしいお言葉でした。そして、社長をはじめとするその会社のみなさんと、このような関係性をつくってこられたことを心から感謝しました。


優良企業に属していたり、会社の要職にあるうちは、たとえしっかりした仕事をしていなくても、またしっかりした関係性を築いていなくても、相手の会社もそれ相応の対応をしてくれます。

しかし、看板や役職で仕事をしているのか、己の実力や人柄で仕事をしているかは、相手の会社側からはとてもよく見えます。会社を辞めて、独立したりすると、その結果がハッキリします。

特に私の場合は、それまでとは少し違う仕事で独立したので、独立してからの仕事の質は相手にとっては未知数。それでも、信頼して任せていただいたことは、この「関係性」の大切さを痛感した出来事でした。

ヨコの関係とは

私がこのような関係性を築けたのには理由がありました。一つは、外資系企業で働く前に、広告会社で営業をしていた経験があり、受注者側の気持ちがよくわかること。そして、もう一つは、独立準備のために、研修やコーチングのトレーニングと実践を数年間に渡り、毎日のように繰り返していたことです。

クライアントとの良好な関係性を瞬時に築くことができなければ、メンタルコーチングは成り立ちません。それは結果に如実に現れます。

研修講師も同様です。座学で、受講者に知識をインストールするだけの研修もありますが、私の会社の場合、その場で実践的に高め合い、深め合う、アクティブ・ラーニング型研修を提供しているため、参加者のみなさんとの関係性は最も重視する事柄です。この関係性の良しあしが、研修時の参加者のみなさんの参加態度と、研修後の継続的な行動実践に雲泥の差を生むことが、経験則でわかっているからです。

相手に動いてもらうための根本は「ヨコの関係」を築くこと

その良好な関係を築くことができるかどうかの最も大切な土台は、先ほどの会話にも出てきた「ヨコの関係」にあります。これは、アドラーから学んだことの中でも、最も重要なことの一つです。

人と人は、基本として「ヨコの関係」です。

上下関係があるのは、上司・部下の関係などの会社の仕組みの中や、先輩・後輩などの学校や部活の仕組みの中など、あくまで仕組みの中でのことです。

この、人間として基本的なことを勘違いする人がいます。

驚くことに、かなり頭がいい人でもそうです。

私は仕事柄、会社の経営者やエグゼクティブの人たちとお話しする機会が多いですが、本質的に優れた、そして長きに亘《わた》って安定した経営をされている人には、この「ヨコの関係」という対等な感覚を持ち、品性の高い方が実に多いのです。

逆に、いくらIQが高かったり、仕事ができたりしても、この対等感覚が欠落していると、「品性や誠実さ、本当のインテリジェンスというものを持ち合わせていない人」と判断されてしまいます。

経営においても、覇道の経営（力の経営）はできても、王道の経営（徳の経営）には至りません。覇道の経営では、一時期の隆盛を誇ることはできても、長きに亘り社会のために役に立つような経営は難しくなってしまうのです。

親子ですら、ヨコの関係は変わりません。

私は、アドラー心理学を学んだおかげで、あまり子育てに悩まずに済んでいます。

その大きな要因は、子どもと「ヨコの関係」をしっかり持っていること。

さらには、「子どもたちは、親の進化形」ぐらいの感覚を持っているので、子どもたちに敬意を表しながら接することができているからだと思います。

勘違いしないでいただきたいのは、なれ合いの友達的な関係にあるということではありません。しつけはちゃんとやりますし、必要なときには、厳しく怒ります。

親の役目は、子どもたちが自立することを支援すること。

そのために必要なことはちゃんとやっています。

子どもは、自立する力が十分に顕在化していない状態の存在です。一方、その自立の力は潜在力として眠っています。それは確かにあるのです。その力の顕在化を支援するのが、親の役目なのです。

この自立への支援において、この「ヨコの関係」というものの大切さを実感する日々です。

上下関係を手放すことに抵抗はありますか？

「ヨコの関係」というものがまだしっくりこない人がいるかもしれません。それも当然だと思います。

私もこの「ヨコの関係」というものの本質が理解できるまで、しばらく時間がかかりました。というのも、**理屈ではなく、実践を繰り返すことで、ようやく理解を深めていくことができるものだからです。**

「ヨコの関係」がしっくりこない人の中には、上下関係の感覚を手放すことに抵抗を感じる人がいるのではないかと思います。

上司・部下などの仕組み的な上下関係を手放すという意味ではありません。組織の機能上の上下関係は、組織を運営していく上において大切です。しかし、それはあくまで、組織という枠組みの中で規定されたことに過ぎません。人と人という根本的な関係性のつながりは、あくまでも「ヨコの関係」ということです。

また、ヨコの感覚を持つことによって、統率が甘くなったり、なめられたりする原因になるのでは、と思うかもしれません。

ヨコの関係によって、いい意味でもそうでない意味でも、関係性に変化が生じることに恐れが生まれるのです。実はこの恐れを払拭することこそが、リーダーとして突破する必要がある第一の試練です。

一方、どんな人も本能的には、人と人は「ヨコの関係」であるということは十分わかっているはずです。

しかし、関係性の変化を恐れて、抵抗が生じるので、全面的には意識に取り入れたくない気持ちが出てくるというわけです。

これは、ハッキリ言うと、人として正面から向き合うことを避け、リーダーとして、上司・部下という社会的仕組みに頼っている部分が少しでもあるという証拠です。変化による恐れや不安を生み出すのが嫌なのです。

これを「執着」と言います。

つまり、「ヨコの関係というようなものを入れず、上下関係をはっきりさせておいたほうが、リーダーとして統率しやすい」という観念に執着があるのです。

不安や恐れの原因は、この執着です。

執着があるので、社会的仕組みではないところで、人と向き合うことに不安や恐れがあるのです。

例えば、この執着をずっと抱えた人が、定年を迎えるとどうなるか？

社会的仕組みの中で大会社の部長をやっていた人が定年を迎え、その仕組みから外れる。

それは、もの凄い喪失感を味わうことになります。それまで、その仕組みに頼り、その仕組みの中の上下関係に執着があったからです。仕事を引退した後も、「自分は大会社の部長だった」ということをアピールしたがるようなことが起きます。

一方、執着がない人は、その社会的仕組みから外れても、何も変わりません。同じように人と接し、同じような「ヨコの関係」の生き方ができるでしょう。

この不安や恐れから根本から解放される手段はただ一つ。

すべての人とヨコの関係にあるという基本を持つということを、徹底させるのです。

もちろんこれは、組織の仕組みとしての上下関係を無視しろということではありません。ここは、誤解なきようお願いします。仕組みの中には「役柄」というものがあります。仕組みの中で、その仕組みを最も上手く活用するための上下関係の役柄を演じているというくらいに考えてみるといいでしょう。


そう、社会的仕組みとは設定されたドラマの舞台のようなものなのです。

その舞台では、あなたがたまたま上司の役柄を演じ、相手もたまたま部下の役柄を演じているという感覚です。

「あなたと私は、人と人として絶対的にヨコの関係だけれども、この会社の仕組みの中で、たまたま上司と部下という上下関係の役柄をお互い演じているだけ」ということです。

前述の通り、頭のいい人でもこの役柄にどっぷりはまり込んで、人間関係の本質を忘れてしまったりすることがあります。この客観性のなさが、平等意識を欠いたり、差別を生んだりし、時には横暴な態度を生んだりするのです。そして、しまいにはその役柄を本当の自分だと勘違いして、その役柄に執着を持つようにさえなってしまうのです。

関係性にまつわる不安や恐れについて、簡単に説明しましたが、自分自身の中にあるこれらを取り除きながら、相手に変化をもたらす存在になっていく方法を、次のCHAPTER2でお伝えします。

Check Lists

- □ すべての悩みの原因は、対人関係にある
- □ 能力や年収が高いからと言って、自己受容度が高いとは限らない
- □ 自己受容は、「これでいいのだ」と心から思えているかどうか
- □ 所属欲求は、人間の根源的な欲求である
- □ 貢献感がもたらす幸福感は、人間にとっての最高レベルの幸福感
- □ 相手を動かす、変化を促す上で、最も大事なことは相手との関係性
- □ コミュニケーションの真の目的の一つは、関係性の構築
- □ 人と人は基本的にヨコの関係にある
- □ 上下関係があるのは、あくまで社会的な仕組みの中での話
- □ 上下関係にこだわるのは、社会的仕組みに執着があるということ
- □ ヨコの関係を徹底させると、不安や恐れから根本的に解放される

CHAPTER
2

相手の潜在意識に働きかける

01 答えは潜在意識の中にある

気づきの正体

さあ、ここからお伝えするのが、変化についての本質です。

メンタルコーチは、相手に変化をもたらすことを成果として求められる仕事です。

では、なぜメンタルコーチはそのような変化を、クライアントにもたらすことができるのか？

このメカニズムと要諦《ようてい》をお伝えしながら、相手に本質的な影響力を持つリーダーの習慣を身につけるための、最も大事な部分に迫りたいと思います。

コーチングと一言で言っても、実際には様々な種類があります。

大きく分けると、2つです。

一つは、整理するコーチング。

ビジネスコーチングなどでは、この整理するコーチングをよく行います。

整理するコーチングは、クライアントが「本当に何がやりたいのか？」がわかっていたり、「何が本当の問題なのか？」を正確に把握したりしている場合に行います。

重要なことはわかっているけど、いろいろなことが複雑に絡《から》まり、重要度や優先順位がわからなくなっていたり、断捨離ができていなかったりするとき、それらを整理し、見える化することによって、次に何をすべきかが明確になります。

これはどちらかと言うと、コンサルティングに近く、わかっていることの整理なので、頭を使い、論理的に物事を進めるコーチングです。そして、整理した後、ビジネスでの意思決定に関係するようなことが、コーチングセッションで行われます。

もう一つは、気づきを促すコーチング。

何千回を超えるコーチング経験から感じることは、ほとんどの人は「本当にやりたいことをわかってはいない」、そして「問題を正確に把握していない」ということです。

つまり、ほとんどの人は、「自分の中の本当のことをわかっていない」のです。

これがわかっていれば、整理するコーチングだけやっていればいいのですが、わかっていなければ、整理する意味もないですし、間違った内容をただ整理するだけになってしまいます。これでは、到底成果は期待できません。

このように、自分の中の本当のことに気づくのは、とても貴重な体験です。

コーチングを進める中で起こってくる気づきは様々。

「自分はこのことについて、怒りの気持ちでいっぱいだったけど、奥にあったのは、○○への恐れだったんだ」

「自分が経営上の気がかりだと思っていたことは、××だと思い込んでいたけど、実は△△だったんだ」

意識と潜在意識

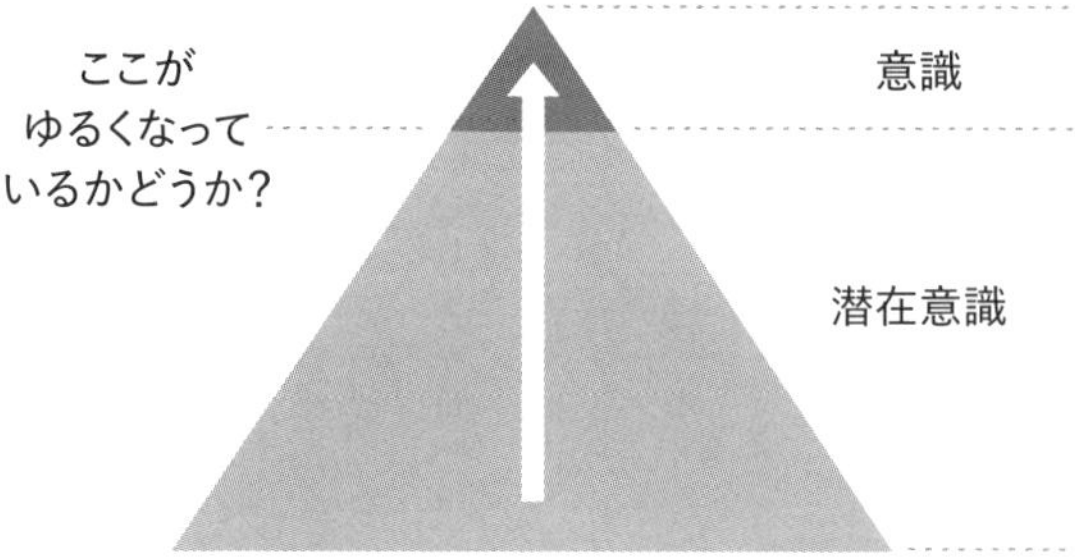

「Xが問題だと思っていたが、本当の問題はYだったんだ」

「Aさんの仕事への口の挟み方が気に入らなかったけど、実は本当の意味での協力者だったんだ」

気づきとは、意識の中でわかっていなかったこと、わかっているようでわかっていなく、モヤモヤしていたことが、明確な答えとして出てくる状態です。

モヤモヤしている状態というのは、意識化されていない状態。そのことが、意識下になく、潜在意識に留まっている状態です。

それがコーチングにより、潜在意識か

ら意識（顕在意識）に上がってくることによって、気づきが起こり、明確になります。

コーチングを受けて、クライアントさんたちが口を揃えて言うことは、「スッキリした！」という言葉です。

わかっているようでわかっていないというモヤモヤ状態だったことが、コーチングにより、気づきとして意識化されることによって、明確になり、スッキリとした気持ちになるのです。そして、この気づきが、現状の問題を解決したり、目標を達成するための一番自分らしいやり方を見つけるために役に立つのです。


このように、気づきを促すコーチングとは、クライアントとコーチが協力し合って、クライアントの潜在意識に働きかけるコーチングです。

コーチングではよく、「答えはクライアントの中にある」という言い方をしますが、厳密には「答えはクライアントの潜在意識の中にある」ということです。

このコーチングでは、この「クライアントとコーチが協力し合って」ということが大きなポイントになります。

さて、ここで大事なことは、なぜ気づきが起こるのか？　ということです。実はこの構造の中に、相手を動かす、変えるということを可能にする真髄《しんずい》があります。

気づきが起こるというのは、相手の潜在意識に働きかけるから起こること。

ただし問題は、働きかけても、相手の潜在意識が素直に反応してくれるかどうかです。

素直に反応してくれないのは、意識と潜在意識の境目が鋼鉄の扉のように固く閉じられ、潜在意識から気づきが上がってこられないから。

つまり大事なことは、相手のこの境目をいつでもゆるい状態にして、常に潜在意識に働きかけられるようにしておくことです。

Check Lists

- □ 気づきが起こるのは、相手の潜在意識に働きかけるから
- □ 気づきは問題解決や目標達成に役立つ
- □ 気づきとは、モヤモヤしたことが、潜在意識から明確な答えとなって出てくる状態
- □ 気づきが出てくるかどうかは、意識と潜在意識の境目が固いかゆるいかによる

02 潜在意識にはこうして働きかける

承認の本質

ところで、「そもそも相手の潜在意識に働きかけるって、一体どうすればいいの？」という疑問を持つ人は多いと思います。

簡単に言うと、相手と深い信頼関係を築くことができれば、相手の潜在意識に働きかけることができます。相手のあなたに対する信頼が深ければ、潜在意識の扉は開かれ、気づきや変化のスタートとなるのです。

これは、リーダーも同じです。

リーダーシップの根本は、「お互いの信頼関係が構築されていること」。これがなければ、何も成り立ちません。これを構築せずに、リーダーシップを発揮することはできず、相手に動いてもらいたい、変わってもらいたいと思っても、動くはずも、変わるはずもないのです（強引にポジションパワーを使う以外には）。

これは、怒る、叱るという面でも同じです。

怒る、叱るというのは、できるだけしたくないことだと思いますが、どうしても必要なときに、相手があなたを信頼していれば、それは意味のあるものになります。

一方、あなたに信頼を感じていない部下に怒ったり、叱ったりしても、残念ながら、それはほとんど効果を発揮しません。むしろ、あなたへの反発や不信感を増すことにもなりかねないのです。

ここで、「その信頼関係を築くことに苦労しているんだ」と思われた方もいらっしゃると思います。

相手との信頼関係を築く上において、最も大切なこと、必要条件としての土台にな

ることが、私がこの本で最もお伝えしたい「承認」です。

では承認とは何でしょうか?


「議会の承認が降りた」

「これを進めるには、部長の承認が必要だ」

「これだけ一生懸命仕事をしても、一向に承認してもらえない」

ここでお伝えしたいのは、このような形式上や制度上の承認ではありません。気持ちや態度など、心の奥からの承認です。


それは、心から相手を認め、心で受け入れること。


承認のまず第一歩は、相手を認めることです。

ここでちょっとイメージしてみてください。

目の前にあなたの友人がいるとします。その友人が長年取り組んできた資格試験に、ようやくの思いで合格をしたとします。あなたはずっとこの友人を応援し続けてきました。

あなたはこの合格をつかんだ友人を、認めることができますか？

当然、認められるでしょう。認めるといったレベルを超えて、一緒に大喜びするはずです。

では、目の前にいるこの友人から、今年もまた夢が叶わなかったという報告を聞かされたらどうでしょう？

こちらはつらいですね。

このとき、あなたは目の前にいるこの友人を認めることができますか？

一生懸命やっているんだけれど、今回もダメだった友人……。そんな友人に対して、

「今回もダメだったけど、目の前のこの人は可能性のある存在なんだ」

と思うのか、

相手を承認するだけで、潜在力が発揮しやすくなる

承認している	承認していない
相手の存在を見ている	相手の状態だけを見ている
可能性を信じている	可能性を信じていない
レッテルを貼っていない	レッテルを貼っている
勇気を与えている	勇気をくじいている

「何回やってもダメなあなたには無理がある」

と思うのか、どちらでしょう？　または、どちらの感じに近いでしょう？

ここで言う承認とは、「相手を可能性のある存在として見る」こと。

大事なことは、たとえ、相手が結果を出せている状態ではなくても、ちゃんとその可能性やその人自体の存在や価値を認めることです。

合格できなかったことは、その人の今の状態なだけであって、その人の本来の姿ではありません。ポイントは、状態を

見ているだけなのか？　それとも、相手の可能性や、その存在自体という、相手の本質を見ているのか？　という点です。

資格試験に今回も落ちたという、**相手の今現在の状態だけを見てダメ出しするのか、それとも相手の可能性、つまり未来の能力をちゃんと承認するのかの違いです。**

一方、「この友人がこの資格が必要な仕事に向いているとは思えない。その才能があるとは思えない。だから何回やっても受からないんだ」と思ってしまう場合もあるかもしれません。

この場合、「それで、相手の可能性を信じろと言われても……」とも思われることでしょう。また、「向いているとは思えないからこそ、これ以上無駄な時間を使ってほしくない」という気持ちがあるかもしれません。

では、この場合の承認とは何でしょうか？

このとき、相手の存在を資格試験には受からないかもしれないけど、依然、価値のある存在として見るのか? それとも、資格試験も受からないような、価値のない存在として見るのか?

前者の方が、相手への承認感が強いことは間違いありません。

では、今度は、あなたのほうがその資格試験を受け続けてきた当人だとイメージしてみてください。

あなたは、何年もチャレンジし続けてきた。

あなたは、いろいろなことを我慢して、多くの犠牲を払って取り組んできた。

あなたは、途中くじけそうになる自分を、その都度奮い立たせてきた。

それでもダメだった悔しい思い、情けない思いの中で、目の前にいる友人に今年も合格できなかったことを伝えます。

そして、相手から返ってくる言葉の中から、あなたが受け取る感覚がこんな感じであったらどうでしょう？

- 「それでも、あなたは大丈夫」
- 「あなたは可能性のある存在」
- 「あなたは価値でいっぱいの存在」

どんな気分になるでしょうか？
そう思ってくれる目の前の相手に対して、どんな気持ちになるでしょうか？

一方、こんな感じだったらどうでしょう？

- 「今年もダメだったあなたは、ダメな存在」
- 「何を無駄ことをやってるの？」
- 「あなたには可能性はない」
- 「あなたは価値のない存在」

どんな気分になるでしょうか？

目の前の相手に対して、どんな気持ちが生まれるでしょうか？

あなたと目の前の友人との距離感は、先程とどう違ってくるでしょうか？

あなたの心は相手に対してどれくらい開いているでしょうか？

そして、あなたが次に向かう心のエネルギーはどう違ってくるでしょうか？


目の前の友人にダメ出しされたときの気分、いいはずがありませんよね。

もし、先ほどあなたが友人にダメ出しをしていたとすれば、今回、そのダメ出しを受ける側の気持ちがどうなるのかが、よく感じられたのではないかと思います。

そう、こうして人は、勇気をくじかれていくのです。

潜在力を発揮させる存在

承認感のなさは、勇気くじきにつながります。

逆に、どんな状態にあろうと、承認感に伴う勇気づけを繰り返されれば、人はその本来の可能性である潜在力を発揮しやすくなるのです。

- **「あなたは大丈夫」**
- **「あなたは可能性のある存在」**
- **「あなたは価値のある存在」**

こんなふうに目の前の人に信じてもらうことによって、人は勇気づけられ、前に進む力を与えられます。**承認や勇気づけは、自分の足で立って、前に進もうとする力を増幅してくれるものです。**

この勇気づけを大切にすることから、アドラー心理学は、別名、「勇気づけの心理学」と呼ばれています。この承認と勇気づけは、人が自分の力で前に進もうとすることを後押しします。そのため、「自立の心理学」とも呼ばれ、人が自立していく過程にとって、とても大切な考え方を示唆してくれるものです。

これらから、アドラー心理学は、子育てや成人教育にも著しい成果を発揮してきました。

相手の可能性を信じること、そして相手のその存在自体の偉大なる価値を認めること。承認とそれに伴う承認感は、相手が前に進もうとする力を後押しし、相手の潜在力発揮の貴重な土台となるのです。

言い換えれば、相手を承認する存在になろうとすることは、目の前の相手の潜在力を発揮させる存在になろうとすることです。これはまさに、リーダーの本来の姿です。

部下に信頼される優れたリーダーたちの多くは、この相手を承認する力を持っています。これがあるからこそ、相手に信頼され、部下やチームの本来の力の発揮を促すことができるのです。

人は承認感を持ちながら、自分を勇気づけてくれる人に対して、心を開き、その存在や、その人の言葉をしっかりと受け入れます。そのことにより、両者の心の距離は縮まり、関係性は深まるのです。

承認が潜在意識を動かす

では、相手を承認する存在になることが、相手の潜在意識に働きかけること、相手の潜在力を発揮させることとどうつながるのでしょうか？

潜在意識の特徴の一つは、「安心安全第一で動く」ということです。

潜在意識は、安心安全が脅かされると感じることについては、その強烈な力で防御体制に入ります。いったん防御体制に入ると、テコでも動きません。潜在意識は、基本、変化を嫌います。変わるということは、安全を脅かされる可能性があるからです。潜在意識は、とても保守的なのです。

ここでは、「脅かされていると感じるかどうか」がポイントです。

潜在意識が脅かされていると感じていると、その安心安全欲求に従い、変化への活動を固く閉ざします。人間関係で言えば、相手からの承認感が感じられないとき、勇気くじきのメッセージが送られてくるとき、潜在意識はその安心安全欲求に従い、扉を固く閉ざします。承認をしてくれない人、勇気をくじこうとする人は、安心安全を脅かす存在だからです。

反対に、心からの承認を感じる人、勇気づけをしてくれる人には、安心安全を感じ、その扉が開かれます。これが、相手の潜在意識に働きかけるということです。

このようにして、相手の潜在意識が安心した反応をすると、潜在意識は変化をすることを許すのです。そして、相手の中では、変わっていくということへのマスターキーが外され、本当の意味で、あなたの言葉を受け入れるようになります。

この状態をつくることができれば、相手を動かし、変えることができる最も大切な基本条件が整います。**だから、会話のテクニックやスキル以前に、相手を心から承認することができるようになるための習慣が必要なのです。**

このようにして、相手の潜在意識が安心した反応をすると、意識と潜在意識の境目がゆるくなります。境目がゆるくなることによって、先程からお伝えしている〝気づき〟も起こりやすくなります。潜在意識の中にある貴重なものが、阻まれることなしに、顕在意識まで上ってきやすくなるからです。

この〝気づき〟によって人は変わっていきます。

人が自らの問題を解決するための、そして変化するための〝気づき〟を、どんな人に対しても起こすことができるのが、本物のメンタルコーチです。

本書は、あなたがプロのメンタルコーチになることを指南する書ではありませんが、あなたに、「相手に気づきをもたらす人」、「相手の潜在力を発揮させる人」、そして「相手を動かし、変えることができる人」になっていただきたいという願いを込めて書いています。それは、あなただけでなく、あなたのまわりの多くの人々のためになるはずです。

このCHAPTERでは、そのための本質をお伝えしました。次のCHAPTERでは、その本質を習慣力というかたちで身につけるための方法をお伝えします。

Check Lists

- □ 承認や勇気づけが、相手の心を開く
- □ 相手との深い信頼関係を築けば、相手の潜在意識に働きかけることができる
- □ 承認は、相手を動かす、変えるということについて、最も重要なこと
- □ 承認とは、相手の可能性やその人自体の存在を心から認めること
- □ 承認感に伴う勇気づけが繰り返されれば、人はその本来の可能性である潜在力を発揮しやすくなる
- □ 潜在意識は、"安心安全"第一で働く
- □ 相手の潜在意識が安心すると、潜在意識は変化することを許す

CHAPTER 3

大事なことはスキルではなく承認すること

01

相手を変えたいなら、変えようとしない

ホームレスが人気講演家に

私の友人に、講演家として大成功をおさめているS君がいます。全国規模の講演の舞台も経験しており、講演となれば、すぐに数百人が集まり、受けきれないほどの様々なオファーが次々と殺到しています。

このS君、実は今から15年以上も前に、一度ホームレスを経験しているのです。街中で世を恨むような言葉を大声で張り上げるようなことも幾度となく行ったと言います。ほとんどの友達と縁を切られ、信じられるものが、自分の中にも外にもないよう

な人生を送っていました。やっとのことで働き口を見つけても、不当な理由でクビになったりすることも、度々だったそうです。

S君は、かつて生死をさまようような大事故を経験したことがあり、今もそのときの障害を抱え続けています。そのこともあり、彼が勤めていたある介護の職場では、理不尽な差別も受けたと言います。それに加えて、職場での容赦ない言葉が、S君の勇気をくじきまくりました。

ホームレスになるような奴、仕事が捗《はかど》らない奴、この職場にいらない奴、人間として価値のない奴。

無力感と失望感だけが心の中にある日々が続いたと言います。職場を転々とし、あてどもないような日々が続きました。

そんな中、それまでになく長く勤めることができた職場がありました。

制度や設備が大きく違っていたわけではありません。相変わらず容赦ない言葉を浴びせる上司や同僚もいました。たった一つの大きな違いは、**その職場には、そんなS君をしっかりと受け止めてくれている人がいたのです。**

その人と一緒にいるときだけは、S君は自分の存在を認められている感じがして、本音を素直に伝えることができました。このたった一人の存在が、S君に生きる勇気を与えてくれたのです。

そんなある日、その人から言われました。

「S君、このセミナー申し込んでおいたから行っておいで。その間の君の仕事、私がやっておくから」

セミナーのパンフレットを見せられましたが、そのときのS君には、そのセミナーの受講料を払えるようなお金はありませんでした。お金がないことから、断りの言葉を告げると……。

「大丈夫、お金のことは心配しないで。私が出しておいたから」と言われたのです。

それでも、そんなことをしてもらうわけにはいかないと、再び断ると……。

「S君、私はあなたに行ってほしいの。あなたの可能性を信じているから」

と、伝えられました。

そして、そのセミナーで大きなものをつかんだS君の人生は急激に変化していきました。自分が生まれ変わっていることを実感できる日々が続くようになりました。

その後、運命的な縁からメンタルコーチングにも出会い、自らもコーチを志すようになり、その修業の中から、さらに様々なことを学んでいきました。学ぶにつれ、自分のつらかった経験こそが、コーチとしての自分の大切な土台をつくってくれたことを確信しました。

ついには、政治家や芸能人、スポーツの世界チャンピオンのメンタルコーチとして活躍し始めることになるのです。さらには、TEDという世界的なプレゼンテーションの舞台で、多くの観衆に向かい、堂々と講演するS君が誕生することになります。

かつて勇気くじきを繰り返されたS君。そんな中、彼を承認し続けてくれた人がいなければ、一体彼はどうなっていたことでしょう？

決していいとは言えず、むしろ悲惨だった当時の彼の状態に注目するのではなく、彼の可能性と根本にある本当の素晴らしさを信じ、承認し続けてくれた人がたった一人でもいたことが、S君の現状を変え、その無限の可能性を開花させたのです。

S君を変えたのは、そのセミナーではありません。

それは、彼を信じ続けてくれた、たった一人の存在、その人に他なりません。S君を変えたその人は、プロのコーチでもなければ、ましてやコーチングのコの字も知らなかった人なのです。

それでも、**心からの承認と勇気づけの行為さえあれば、目の前の人は動き、変わっていくのです。**

ダメ出しから承認へ

さて、相手を動かしたい、変えたいと思うとき、あなたはどんなことをするでしょうか？

ここで、またちょっとイメージしてみてください。

「変わってほしい人」と言ったとき、あなたの頭に浮かんでくるのは誰の顔ですか？

顔が浮かんできたら、その人が今、あなたの目の前にいるとイメージしてください。

実際に椅子などを目の前に置いて、あたかもその椅子にその人が座っていると考えてみると、よりイメージしやすいかもしれません。

●目の前のその人を見て（イメージの中で見て）、何を感じますか？
●どんな気持ちになってきますか？
●どうしてその人に変わってほしいのでしょうか？
●どんなふうに変わってほしいのでしょうか？

いろいろなイメージが湧いてきたのではないでしょうか。自分の思いについての、意外な気づきがあったかもしれません。

そんな中、あなたはこの目の前の人をどんな存在として見ていたでしょうか？
そして、どんなことを言いたくなり、どんなことをしたくなりますか？

●「あなたの○○○な点は問題だから、変えたほうがいい」

●「あなたは人に△△△な態度を取るから、直したほうがいい」
●「あなたは怠け者だから、ちゃんと仕事をしてほしい」
●「あなたは人の気持ちをわかっていないから、何とかしてほしい」

例えばこんな感じでしょうか。

相手を目の前にすると、より〝変えたい〟という思いを強くするかもしれません。あなたは、このようなことをよかれと思って、心に強く思ったり、言葉や態度で相手に伝えたりするのでしょう。


しかし実は、ここに目の前の相手が変わらない根本的な原因があるのです。


一体どういうことか？

あなたは相手を変えようとしています。それが、態度や言葉などを通して相手に伝わります。このメッセージが強ければ強いほど何が起きるか？

ここで反対に、次のようなメッセージが目の前の相手から、あなたに向かって来て

相手を変えようとしていないか、会話を思い浮かべて検証しよう

いるとイメージしてみてください。

「あなたのそういう部分、どうかと思うから、直したほうがいいよ」

どう感じるでしょうか？

素直に直す気になるでしょうか？

仮にその部分をあなたが自覚していたとしても、あなたがよっぽど尊敬している人でなければ、目の前の人からこういうメッセージが来たら、実のところなかなか素直に受け止めきれないのではないかと思います。

それは、あなたの気持ちだけでなく、潜在意識も抵抗を示している状態です。

よしんば、あなたの気持ちが抵抗をあまり感じていなかったとしても、あなたの潜在意識はしっかりと抵抗しているのです。

相手を変えようとする気持ちは、相手にダメ出しをする気持ちです。

「あなたは変わるべき」というメッセージは、相手にとっては「あなたはダメだから、変わる必要がある！」というメッセージになります。仮にダメ出しをしている気持ちはなくとも、相手の潜在意識は、ダメ出しだと受け止めて、メッセージの送り手を「ダメ出しする人」と受け止めてしまう可能性があります。

だから、逆説的で、ちょっと変に聞こえるかもしれませんが、

相手を変えたいのであれば、変えようとしない

このことが、この上なく重要なのです。

「そんなこと言われても、変えようとしなければ、相手は変わらないじゃないか」と

思う気持ちもあるかもしれません。

では、どうしたらいいのか？

まず、相手を承認するのです。

相手を変えようと必死になる前に、相手の存在そのもの、そして可能性を承認する。これが何よりも大事です。「君は、今はたまたまこういう状態だけど、君の本質は可能性に溢れている！」というような見方です。

まず、相手を変えようとする前に、相手をしっかり承認することによって、相手はあなたのことを「認めてくれる人」、「勇気づけをしてくれる人」、さらには「気持ちをわかってくれる人」と感じます。**そして、意識と潜在意識両方のレベルで、あなたのことを「安全な存在」とみなします。**

これにより、相手の潜在意識の安心安全欲求は満たされ、相手はあなたのこと、そしてあなたの言っていることを受け入れる状態になります（意識と潜在意識の境目がゆるい状態）。

これが、変化への大切な第一歩なのです。

レッテルを剝《は》がす

この「まず承認する」の承認の状態を、もう少し詳しく説明しましょう。

相手を承認しているというのは、相手の存在そのものを承認して、相手の可能性を信じていること。**逆に、承認していないとは、相手の現在の状態にダメ出しをしていて、そのダメな状態が、その人の本質だと思い込んでいることです。**

そう、これは〝思い込み〟なのです。

前出のS君の場合、まわりのほとんどの人は、彼のかつての状態にダメ出しをして、そのダメな状態がS君の本質だと思い込んでいました。

その結果、S君への勇気くじきが続いたわけです。本当はダメな奴などではないS君に、「ダメな奴」という思い込みのレッテルを貼っていただけなのです。

レッテル貼りは相手の本質を見誤る

レッテルを貼っている	レッテルを貼っていない
相手の状態＝相手の本質	相手の状態≠相手の本質

一方、先程の話でS君を承認し続けてくれていた人は、S君のそのときの状態と、S君の本質を切り離して（レッテルを剝がす）、S君の本質を承認していたのです。S君の今の状態は決してよくはないけれど、S君自身は、もっとよくなる可能性のある人、という眼差しでS君を見ていました。

つまり、この人にとっては、S君は、最初から〝ダメな奴〟などではなかったのです。もしかしたら、人気講演家であるS君の姿をすでにイメージしていたのかもしれません。

仕事のパフォーマンスが期待に追いついていない、失敗したなど、相手が好ましくない状態である場合、相手のその状態にOKを出すことは、難しいことかもしれません。

しかし、相手の現在の状態と、相手の可能性と本来の存在を切り離すことはできると思います。

若者たちが傷ついた心を開くワケ

私の友人に、Tさんという方がいます。

Tさんは、半ばボランティアで、非行に走る若者の更生を手伝う仕事をしています。いわゆる不良と言われたり、暴走族と呼ばれたりする若者たちが、彼らの本当に行きたい道に進むことをお手伝いする仕事です。

非行に走る若者たちは、訳あってその心を閉ざしています。彼らは、多くの人を受け入れません。いわゆる指導員という人たちが話しかけようとしても、相手にしようとしない場合が多いそうです。ひどい場合には、暴力行為に至ります。

そんな中、Tさんは、そういう若者たちの中に入って行って、一瞬のうちににこやかに会話を始めてしまいます。
そしてTさんは若者たちに聞きます。
「何がしたくて、こういうことをしている?」

若者たちの目的は一つです。

自分の存在を認めてもらいたい

親からの愛情が感じられない
両親が離婚をして、家庭が崩壊している
虐待やネグレクトを受けていた
学校の成績など、まわりに認めてもらえるようなものが何一つない

……など様々な理由で、彼らのこれまでの人生において、自分の存在を認められてもらえる居場所がなかったのです。

「人は所属感を渇望している」とアドラーは言います。

だから、自分の存在を認めてくれるところであれば、その居場所がたとえ不良グループであろうが、暴走族グループであろうが構わないのです。

不良グループに属する若者たちが、街中でも目立つような特異な格好をすることも、暴走族グループに属する若者たちが、近所に大迷惑な爆音を立てながら疾走するのも、「俺はここにいるよ！」「私はここにいるよ！」と主張する、彼ら、彼女らの悲痛な心の叫びなのです。

彼らの心は、自分の存在を認めてもらうことを渇望しています。彼らはそのために、今、こういうグループに属することを選択しているのです。他の方法が見つからないからそうするしかないのです。

Tさんは言います。

「やっていることは、決していいこととは言えませんが、彼らがこのような状態になってしまったのは、仕方がなかったんです。彼らは、幼いときから、様々な勇気くじきを受け続けてきたのですから」

だからTさんは、彼らの本来の存在自体と、無限の可能性に100%の承認をするのです。

Tさんにとって、目の前の若者たちは、不良でも、暴走族でもありません。そんなレッテルは、Tさんにはないのです。**そこにいるのは、可能性の塊《かたまり》であり、力の結晶である若者たちなのです。**

本来はそんな存在である若者たちが、たまたま勇気くじきにあい続け、たまたま不良や暴走族という〝状態〟になっているだけ、とTさんは捉えます。**状態と本質の切り分けがされているのです。**

自分の可能性や本質を承認してくれているTさんを前に、若者たちの固く閉ざされた心はたちまちに氷解していきます。Tさんという存在を、全面から受け入れる態勢ができている状態なのです。

そして、Tさんは大事な質問をします。

「本当はどうしたい？」

「ありのままの姿」と「可能性」を見ることで相手が自然と変わっていく

ちなみにこれは、実はメンタルコーチングの中でも、最も重要な質問の一つです。

Tさんの言葉は、若者たちの氷解した潜在意識の奥に深く入っていきます。そして、その少年、少女たちは大事なことに気づき、Tさんに本音を打ち明けます。

多くの子たちは、涙ながらにこう答えると言います。

「本当はこんなことをしていていいとは思っていないんだ。本当は、ちゃんと仕事をして、いずれは結婚もしたい。そのためには、勉強もしなければいけないと思っている」

幸運にもTさんと出会うことができた若者たちは、その本来の力（潜在力）を発揮しながら、自分自身が本当になりたい道に進んでいくそうです。そうして、本来の居場所を見つけていくのです。

もちろんこの先、紆余曲折《うよきょくせつ》、艱難辛苦《かんなんしんく》はたくさんあるでしょう。

しかし、**信じてくれる人、承認を続けてくれる人がいる限り、前に進む勇気は常に充電されていくのです。**

Column 1

信じることで、相手の潜在力が開花する

教師が子どもたちをどう見るかで、子どもたちの潜在力の発揮度合いが違ってくるということを証明した、興味深い研究があります。

ハーバード大学のローゼンタール博士は、小学1年生の3クラスに、ある実験をしました。各クラスの担任教師に、それぞれのクラスの約2割の子どもたちが、「才能が開花する可能性を持っている」と伝えるというものです。しかし実際には、その約2割の子どもたちは、ただランダムに選ばれたに過ぎません。一方、3人の教師たちは、その約2割の子どもたちに特別な潜在力があると信じて授業を進めました。

そして8カ月後、子どもたちのIQテストが行われたところ、このランダムに選ばれた子どもたちのIQ変化の平均は、27・4ポイントと、その他の子どもたちの平均12ポイントを15・4ポイントも上回る結果となったのです。

これは、相手の可能性を信じて接するだけで、本当に潜在能力の開花が進むということを証明しています。承認が、相手をしっかりと変えていくのです。

※『なぜ稲盛和夫の経営哲学は、人を動かすのか？』岩崎一郎 著（クロスメディア・パブリッシング）より引用

Check Lists

□ 心からの承認と、勇気づけの行為さえあれば、目の前の人は変わっていく

□ 相手を変えたいのであれば、変えようとしないこと

□ 相手の現在の状態と相手の本質を切り離すことで、レッテルを剥がすことができる

□ 信じてくれる人、承認を続けてくれる人がいる限り、前に進む勇気は常に充電されていく

02 ごまかしは通用しない

あなたはどんな存在？

さて、ここで再び、あなたが「変わってほしい」と思っている人の顔を思い浮かべてみてください。

できれば先程と同様に、椅子をあなたの前に用意して、あたかもその人が、その椅子に座っているとイメージしてみてください。

そして、その人の気持ちになってみてください。

その椅子の位置に実際に移動して、まるでその人になったような感じになってみるのです。

その人から見たあなたは、どんな存在でしょうか？

●**承認してくれる人？　or　ダメ出しする人？**

●**勇気づけをしてくれる人？　or　勇気くじきをする人？**

●**安全な人？　or　危険な人？**

自分自身のどんな面に気がついたでしょうか？

例えば、承認してくれている度合いや安全度は、100点満点で言うと何点ぐらいだったでしょうか？

何となく感じた感覚で構いませんので、点数をつけてみてください。

それがあなたの、その人についての「承認度」です。

これからやることは、この点数を少しずつ上げていくことです。

何事も一気に上げることは困難です。でも、少しずつ上げることはできるでしょう。

そのための第一歩は、「レッテルに気づく」ことです。目の前の相手に貼っているレッテルに気づくことで、次の段階である「レッテルを剝《は》がす」に進むことができる可能性が出てきます。

レッテルが貼られていると、どんどんそのレッテルに意識が集中して、それが肥大していきます。**人間は注目する対象が、意識の中で肥大するのです。**

思っていることは身体に出る

人間が発するメッセージには、大きく分けて2つあります。

一つは、言語によるメッセージ。もう一つは言語以外のメッセージです。これを**非言語メッセージ**と言います。

メンタルコーチがコーチングセッションでしていることの大半は、「質問」と「傾聴」です。適切な質問をしながら、相手の言うことをしっかり聴くということです。話している量の割合は、クライアント8に対してコーチ2、もしくはそれ以下という感じです。このため、セッションの時間のほとんどは、クライアントが話しているという状態です。

クライアントが話すとき、言語と非言語のメッセージが合わさって、コーチに届きます。大半のコーチがそうだと思いますが、私は、言語で話される内容はもとより、クライアントの表情、しぐさ、視線、声のトーンなどにも深く注意して話を聴き続けます。

いわば「全感覚を総動員」して、話を聴いているのです。それは、この非言語によるメッセージをしっかり受け取ることがとても大切だからです。

傾聴のことを英語で、Active listening（アクティブ・リスニング）と言いますが、傾聴とは、このようにとても能動的で積極的な行為なのです。

わかりやすい例を挙げます。ある状況で、2人の人があなたの要請に対して、それを受ける返答をしたとします。

ある人はこんなふうに答えました。

「わかりました。やります」

もう一方の人も答えました。

「わかりました。やります」


言語メッセージの内容としては同じです。

しかし、非言語で伝わってくるメッセージは違っていました。最初の人は、こちらに視線を合わせ、豊かな表情で、拳《こぶし》を強く握りながら、力強い声のトーンで、「わかりました。やります」と伝えてくれています。

そして、もう一方の人は、うつむき加減で、半ばため息をつきながら、弱いトーンでの「わかりました。やります」でした。


これらをあなたはどう捉《とら》えるでしょうか？

どちらのほうが「やります」の内容を快く実行する確率が高いと思いますか？

言うまでもなく、前者ですよね。

このように、言語メッセージという点では、一言たりとも違わなくても、非言語メッセージの違いにより、伝わってくるものが大きく違います。非言語メッセージとは、それほど影響力のあるメッセージなのです。

だからコーチは、クライアントから無意識に放たれる、わずかな非言語メッセージも注意深くキャッチしようとします。そのために自分の感覚の鋭敏性を高めるトレーニングをしたりもします。**多くのケースで、言語のメッセージよりも、この非言語メッセージのほうが真実を語るからです。**

例えば、クライアントから「私はこれがいいと思っているのです」という言語メッセージが出された場合、本当にいいと思っている場合と、いいと思い込みたいがためにそう言っている場合とがあります。

しかしそれは、言葉だけでは判断できません。

そこで、表情やしぐさや声のトーンなどの非言語メッセージから読み解く必要が出てきます。

このため、クライアントの言葉の内容だけを鵜呑《うの》みにしてセッションを進めると、話があらぬ方向へ行ってしまい、大切な結果が出しにくくなってしまうことも起こり得ます。

いかにクライアントの真実に迫るかが、コーチの仕事です。そのためには、非言語メッセージは、とても重要な情報ソースなのです。

クライアントの真実は、クライアント自身も気づいていないケースも多々あります。真実が、クライアントが「いいと思い込みたい」という状態で、それをクライアント自身が気づいていなかったとしても、コーチがクライアントから発せられる非言語のメッセージから来る違和感（言語メッセージと非言語メッセージの不一致感）に気づき、「本当にそう思っていますか？」と問いかけることによって、クライアントは（思っていないという）真実に気づくのです。

実際、人は多くの場合、この非言語メッセージをかなり正確に受け取ります。**人間というのは、実はかなり感覚的な生き物なので、無意識レベル（潜在意識レベル）で、**

この非言語メッセージをしっかり受け取っているのです。

ご存じの人も多いと思いますが、有名なメラビアンの法則というものがあります。UCLA（カリフォルニア大学ロサンゼルス校）の心理学名誉教授のアルバート・メラビアンによる研究結果を基《もと》にした法則です。

それは、「言語と非言語で異なるメッセージが発せられた場合、人はどちらを信じるか？」についての研究結果です。

これは、先程の「わかりました。やります」の後者のケースについてのことです。

言葉では、「わかりました。やります」と言っていますが、表情やしぐさや声のトーンなどの非言語メッセージが、うつむき加減で、半ばため息をつきながら、弱いトーンであった場合、人間はどのメッセージを信じるか？　ということです。

メラビアンによれば、言語と非言語でどちらとも取れるメッセージが発せられた場合、相手が信じる拠《よ》りどころは、

表情・しぐさ・視線・声のトーンなど「非言語メッセージ」を受け取ることが大事

言語メッセージ　7％
声のトーン　38％
身体言語（表情、しぐさなど）55％

であるという研究結果を発表しています。つまり、93％が言語情報からでなく、非言語情報から判断するということです。

ここにあるパーセンテージの正確性はともかくとして、**「人は人の真意を、言葉よりも、言葉以外からのメッセージで感じ取る」**ということです。

心からの承認を持つこと

言語メッセージが、意識でコントロール（気持ちとは裏腹な言葉を発すること）が可能なのに対し、非言語メッセージは意識ではコントロールしきれません。

言語は意識とつながっています。だから、意識でコントロールできるのです。意識をしっかり持てば、ほぼ１００％コントロールできると言ってもいいでしょう。

一方、**身体は潜在意識と直接つながっています。**

高層ビルの屋上へ昇って、展望室から下を覗いて、お腹のあたりがキュッとなったり、足が震えたりした経験がある人も多いことでしょう。このとき、意識では「安全だから大丈夫」と思っていても、潜在意識は「いつもの状態と違って危険だ！」ということを感じて、無意識のうちに身体に危険信号を発信しているのです。

潜在意識は身体と直接つながっていて、潜在意識からの信号は瞬時に身体に出るのです。

意識では、そして頭では「安全だから大丈夫」と思っていても、足の震えが止まらない。これは意識だけでは身体をコントロールしきれていない状態です。

このように意識だけでは、身体をコントロールしきれません。つまり、**意識だけでは、あなたが発する非言語コミュニケーションをコントロールしきれないのです。**

先程の例で、本当はやる気のない人が、仮にやる気を装って、表情やしぐさや声のトーンをコントロールしながら、「わかりました。やります」と言っても、非言語メッセージのどこかに〝ほころび〟が出てしまうのです（＊こういったところを高いレベルで見逃さない訓練をしているのが、メンタルコーチです）。

また、1回だけならまだしも、日頃から何回も相手と接触していれば、ほころびは必ず察知されます。ハッキリとわからないまでも、「何となく信じられない」という感覚になるのも、人は相手の言語メッセージと非言語メッセージの不一致感を、感覚で感じ取るからなのです。

「不自然な笑い」などは、この典型例です。

あなたの心の中に相手への承認があるかどうかは、あなたが無意識に発する非言語メッセージに現れ、相手にキャッチされます。

相手を承認する気持ちなど微塵《みじん》もないのに、褒めて相手をコントロールしようとしても、あなたの非言語メッセージには、必ずほころびが生じ、相手はそれをしっかりとキャッチします。特に、相手をコントロールしようという目的でやる「えせ承認」は、確実に相手の潜在意識の拒絶反応を生みだすでしょう。

ですから、たとえテクニックとしての傾聴スキルを駆使したとしても、心がちゃんと目の前の人を承認していなければ、それは無意識のうちに非言語メッセージとして相手に発信されています。

スキルだけでごまかそうとしても、人間のその動物的な本能が嘘を見破るのです。だから、スキルだけを覚えても、何の効果も出ないどころか、逆に相手の潜在意識に疑いと警戒の念を深めていくだけの結果になってしまうこともあります。

実際、私が代表を務める株式会社チームダイナミクスが提供するコミュニケーション研修では、この承認力を重視し、承認と信頼関係の構築を土台としたコミュニケーションをお伝えすることで、確実な成果を上げています。

私をはじめ講師全員が、承認力を日々鍛錬している精鋭のプロコーチでもあるというところに、その特徴と強みがあると言えます。

「褒める」に潜む危険性

もう一つ、少し違う観点で、大切なことをお伝えしておきましょう。

昨今、褒める技術とか、褒めて育てるなど、褒めることの有効性が注目されています。たしかに褒めることは、その人の現在の状態を承認することでもあります。

一方、この褒めるということには注意しなければいけない側面があります。

誤解なきようにしておきたいのは、褒めることを否定しているわけではありません。部下の成長支援や子育てにおいても、もちろん、けなすよりも褒めるほうがよいはずです。

注意すべきは、その褒め方にあるのです。

❶相手をコントロールする目的で「褒める」を使わない

「褒めて育てる」ということは、間違いなくよいことです。

ただし、心から褒めるつもりもないのに、「褒めておいたら、こういうふうに動くだろう」という意図で褒めることは、相手をコントロールする行為です。この意図は、やがて相手に伝わり、部下のほうは上司に軽く扱われていると感じます。これでは、部下と真の信頼関係を構築することは困難になってしまうでしょう。

褒めるというのは、こちら側が本当に褒めたくなる気持ちがあるときに、ちゃんと言葉や形にして相手に伝えるというのが基本です。そしてそのためには、常日頃から相手をよく観察して、心から相手を褒めたくなるチャンスを見逃さないことが、優れたリーダーがやっている習慣です。

❷的外れな褒め方をすると、かえってやる気をなくす

また、的外れな褒め方も、相手に「私のことを全然ちゃんと見ていてくれない」と思わせることになります。これはやる気を失わせる原因になると同時に、あなたとの関係性を弱める結果となります。

優秀な部下に対しては、特に気をつけなければいけません。

優秀な人は、褒めてほしいポイントがピンポイントである場合が多いので、ちゃんと観察しておかないと、このポイントを外しやすくなります。そうすると、「ちゃんと見ていないなあ」とか、「わかっていないんだなあ」ということになります。

仕事で大きな成果を残し、モチベーションが高まっている人に、それに不相応な報奨を与えることによって、「この仕事の報奨がこんなこと？　会社はこんな程度の評価しかしていないということか……」と、せっかく高まっていたモチベーションまで下げてしまうようなケースもまさにこれです。

③基本的に上からの目線なので、失礼な感じを与えることがある

部下に部署の戦略を説明した上司の立場になってイメージしてみてください。

そのとき部下が、あなたに向かってこんなことを言ったらどうでしょうか？

「よい戦略だと思いました。よく考えていますね」

どんな気分がするでしょうか？

何か上から見られている感じがしたのではないでしょうか？

でも部下は、あなたの戦略に本当に感銘を受けて褒めてくれているのかもしれません。そんな状況でも、この褒めるという行為が、上司に不快な感じを与えてしまう場合があるのです。

このように、**基本的に褒めるという行為は、相手を評価する行為です**。だから、こちらの悪気がなくても、逆効果にさえなってしまう場合があることに注意が必要です。

④褒めてもらうことが目的になると、褒めてもらえないことで自己否定が始まる

これは、子どもとのやり取りを例にとってお話しします。

例えば、「○○ちゃんは、算数がよくできるねえ」というような褒める行為が、相手をコントロールする意図で使われ続けると、勉強することの目的が「褒められるため」になってしまう場合があります。

そんな中、よい点が取れないことが続くとどうなるでしょうか？

こちらとしても褒めようがなく、子どもも褒めてもらえない自分を自己否定し始めます（それを覆そうとするガッツがある子は大丈夫ですが）。

親は自分自身の優越感のために、子どもをその代替に使う場合があります。子どもが偏差値の高い高校や、大学に入ることによって、親自身が優越感を持ちたいというのが、その典型的な例です。

「自分の子どもがいい大学に入るのは誇らしい」という気持ちは、どの親もあると思いますが、**これが行き過ぎて、子どもが優秀な大学に入ることが、親自身の強い目的**

「褒め方」をひとつ間違うと
相手のやる気を削いだり反発を招くことも・・・

となってしまうと、極端な場合、子どもが親のための道具と化してしまうのです。

このとき、子どもに勉強してもらうため（コントロールするため）の手段として、〝褒める〟という報償を多用すると、子どもの道具化が進みます。その結果、いい点数を取れない息子／娘＝価値が低い、という考え方が生まれ、子どもたちを自己否定の世界に送り込んでしまう可能性があるのです。

いろいろお話ししましたが、もう一度言います。

私は、褒めることを否定しているのではありません。

お伝えしたいことは、褒めることは万能薬ではなく、いろいろなデメリットも存在するということです。**特に相手をコントロールする目的で褒めることは、大変に危険です。**極力避けることをお勧めします。

Check Lists

- □ 言語のメッセージよりも、非言語のメッセージのほうが真実を語る
- □ 潜在意識からの信号は、瞬時に身体に出る
- □ 意識だけでは、非言語コミュニケーションをコントロールしきれない
- □ 相手を変える上で最も大事なことは、心の底からの承認を持つこと
- □ 褒めてもらうことが目的になると、褒めてもらえない状態の場合、自己否定が始まる
- □ 的外れな褒め方をすると、大切なモチベーションまでをも下げかねない

CHAPTER 4

相手を動かし、変えることができる人

01 自分自身を承認する

自分自身へのダメ出しをしていませんか？

ここまで読んでいただいて、承認について、あらためて深い理解ができたと思います。承認が、相手との関係性を高めるため、信頼関係を構築するための最も大切な土台であることを理解されたのではないでしょうか。


ここで、こんな心の言葉が出てくる人がいるかもしれません。

「そうは言っても、人を承認することは簡単ではない」

「とてもTさんのようにはなれない」

「自分にとって、心から承認できる人と、できない人は自ずと出てきてしまう」
「変わってほしい人たちの顔を思い浮かべると、どうも承認などできそうもない」

あるいは、こんな疑問も出てくるかもしれません。

「承認する力というものを、一体どうやったら高めていくことができるのだろう？」
「はたして、自分にできるのだろうか？」

では、ここで質問です。

あなたは、どれくらい自分自身を承認していますか？
どれくらい自分にダメ出ししているでしょうか？

自分を承認している度合について、１００点満点としたら、だいたい何点くらいでしょうか？

年　月　日

点

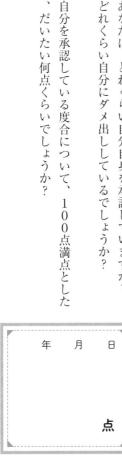

何かをやって、うまくいかないとき
「何でこんなこともできないんだ?」
「何でこんなこともわからないんだ?」
「何でこんなふうに考えてしまうんだ?」

もし、こんな言葉をたくさん自分に問いかけているとしたら、それは自分に対してダメ出ししているということです。これは、自分自身への承認がない状態です。

一方で、
「いろいろあるけど、よくやっている」
「やってみたことに意味がある」
「次はきっとできる」

このような言葉がけをしているなら、それは自分への承認です。自分自身の可能性を信じ、自分自身にちゃんと勇気づけをしている状態です。

これを読んで、自分に対してのダメ出しが、思った以上に多いことに気づいた人は、「何でこんなに自分にダメ出ししてしまうんだ？」などと、そんな自分に追い打ちのダメ出しなどしないでくださいね。

先程つけた点数は、あくまでもあなたの現在の状態です。もし、低くても安心してください。それは、あなたの本質ではありません。この本を手に取ったあなたは、この点数をこれからどんどん高めていくことができる機会を得ているのです。

自分の未来の能力を信じる

可能性とは、「未来の能力」です。

今現在の能力ではありません。多くの人は、今現在の能力だけを見て、未来の可能性を信じない。このように、未来の能力にも同様にダメだと決めつけることが、可能性を信じないことです。

では、私たちは、未来の能力もダメだと決めつけることができるほど、凄い予測能力を持っているのでしょうか?

ある意味では、ずっとS君を勇気づけていた人も、Tさんも、「そんな予測能力を自分は持っていない」とわかっている人なのかもしれません。だから、自分にできること、つまり、「相手の可能性を信じること」をやろうとしている人なのでしょう。

そして、事実、S君のとんでもない可能性も見事に開花し、かつて不良少年、不良少女と呼ばれた人たちの可能性も開花していったのです。


まずはあなた自身の未来の能力への信頼を、あなた自身がしっかり持ってあげてください。それが、あなた自身への「承認」の第一歩です。

そう、あなたは、もっともっと自分自身を承認し、そして、相手を承認できる可能性を持った存在なのです。


自分自身を承認できる人ほど、自分で自分の心のエネルギーを高めていくことができます。これは、ある意味、自分自身へのリーダーシップでもあります。

そして、自分で自分の心のエネルギーを高めていける人は、自分自身を動かし、変えていくことができる人でもあります。

ここで、「自分を承認する」ということについて、大事なことをお話しします。

それは、**あなたがあなた自身を承認している度合い、これこそがあなたが他の人たちを承認できる度合いに比例する、ということです。**

これは、先程つけた点数が、あなたが目の前の人を承認できる現在の能力に比例するということ。

つまり、自分自身を承認できる人ほど、相手を承認できるのです。

そして、自分自身を動かし、変えることができる人ほど、相手を動かし、変えることができるのです。

だから、相手を承認する土台をつくるためにまずやるべきことは、あなた自身の自己承認度を上げていくことなのです。

このように、人を動かし、成長支援をしていける優れたリーダーになった人たちは、常に自分自身を承認する習慣を作り上げているのです。

ここで問題です。

次の中で、一番変えやすいものはどれでしょうか？

●あなた自身

●目の前の相手

●目の前の相手との人間関係

これは、自分から微笑むのと、相手に働きかけ、微笑みを生み出すのと、どちらが簡単でしょうか？　という問いに似ています。

そう、何事もまずは〝自分から〟なのです。

自分が変わっていくことによって、相手もそれに呼応して変わっていくのです。

自己肯定感が高いほど潜在力も上がる

「自己肯定感」という言葉があります。自己承認の度合いは、この自己肯定感に近いと考えていただいてよいかと思います。

メンタルコーチをやっていると、自己肯定感の低さに悩んでいる人が実に多い現状を痛感します。

そこでこれから、自己承認をし、自己肯定感を上げるために大切なことをお伝えします。

「そう言われてみれば、自己肯定感が低いな」と思っている人も、安心してください。自己肯定感を上げることは、あなた自身の潜在力の開発にもつながります。**あなた自身を承認し、勇気づける力が増すことによって、自分で自分の潜在力を発揮していくことができるからです。**

自己肯定感が低くなってしまうワケ

日本人の自己肯定感は、相対的に低いということをご存じの方も多いかと思います。

内閣府発表の令和4年度版「子ども・若者白書」によると、「今の自分が好きだ」という項目では、日本の若者（13歳～29歳）が「そう思う」もしくは「どちらかというとそう思う」と答えた割合は、46・2％と2人に1人を切っています。これは、アメリカ、イギリス、ドイツ、フランス、スウェーデン、韓国を含む7カ国中最下位のレベルで、他国では70～80％台と、日本のそれとは大きな差が見て取れます。

これは、若者対象の調査ですが、おそらく日本に住む人たち全体に言える傾向なのではないでしょうか。

では、日本の人たちの能力はそんなに低いのでしょうか？

私はそうは思いません。むしろ抜群に高いと言っても過言ではありません。**この調査の結果は、能力とは別問題なのです。**

20年以上前、私はイギリスの大学院に留学していました。そこで経験したことの一つは、様々な面においての日本とのギャップでした。このギャップの中には、自分の中での再発見を含め、驚きがいくつもありました。海外での生活を通して、特に日本に生まれた人間としての誇りが沸き上がってきたことは、その精神性の高さの再認識でした。

例えば、スタジアムでサッカー観戦をしても、自分のゴミは自分で持ち帰る。順番通りに並ぶ。買い物をしたら、「ありがとう」とお礼を言う。後の人のことを考えて、トイレやお風呂をきれいに使う。約束の時間を守る。こんな当たり前のことが、他の国の文化では当たり前には行われていなかったりするのです。

海外では、日本の人たちがそういうことを当たり前のようにやることが、非常に高く評価されていることも、実感を持って知りました。日本に生まれた人間としての誇りを深く認識した次第です。

一方、日本人の能力については、計算能力をはじめとする基礎学力、全体を調整する力、スケジュール通りに事を進める力、チームを作っていく力、そしてクリエイティビティなど、どれをとっても、この海外の地で、それらが非常に高いことを強く再認識しました。あまりできないのは、英語ぐらいです（笑）。

クリエイティビティとは、意外かもしれませんが、これは実は、日本人以外の人たちから聞いた、日本人に対する評価です。

私が学んだイギリスの大学には、ヨーロッパはもとより、北米、南米、アフリカ、そしてアジアの各地から学生が集まっていました。みな、非常に優秀な人たちでした。その彼らが口を揃えて言うのが、日本の独自性とそのクリエイティビティの高さ、ユニークさでした。日本の美、ポップカルチャー、技術革新の先進性、ノーベル賞の数などなど、日本人のクリエイティビティは世界の中でも群を抜いていると。

お伝えしたいことは、先の調査の結果は、日本人の能力のことを言っているのではないということです。その能力は世界と比べても引けを取らない。いや、むしろ抜きん出ているほどです。

では、どうしてこういう調査結果になっているのか？

その背景には、「日本人特有の厳しさ」が挙げられます。日本人は、その文化的背景から、非常に規律正しく、自分に厳しい。さらには〝謙虚〟という美しい文化があり、控えめでいることが美徳とされている。

そのため、自分自身に設定しているバーが高いのではないかと思います。能力が高くても、設定しているバーが高ければ、この調査で言う満足度は自ずと低いものになります。

また、その厳しさから完璧主義的になりがちで、できているところより、できていないことに注目する傾向があります。

心理学的に言うと、「注目するところが心の中で肥大する」という特徴があるため、できていないことに注目すると、1日の時間の中で、そのことについて考える時間が長くなり、「できない自分」は、実態以上に自分の心の中で肥大していきます。これが続くと、自分に対するダメ出しが始まるのです。

このダメ出しが、先の調査での自分に対する満足度をどんどん下げる結果につながっていると考えられます。**能力の問題ではなく、注目するところの問題、ダメ出しを習慣のようにしている点なのです。**

できないことばかりを注目するから、そこが肥大し、自分に対するダメ出しと勇気くじきが繰り返される。そんな状態で自分自身に対する満足度や、承認度が高くなるはずがありません。

まずは、できないことに注目するのをやめてみる。

これが、承認力を高めるキーなのです。

＊自己肯定感のさらに具体的な高め方については、『自己肯定感が高まる習慣力』（三笠書房《知的生きかた文庫》）に詳しく書いていますので、ぜひそちらをお読みください。

Check Lists

- □ 未来の能力までダメと決めつけることは、自分の可能性を信じない行為
- □ 自分自身を承認している度合いが、相手を承認できる度合いに等しい
- □ 自分自身を変えることができる人ほど、相手を変えることができる
- □ 自分自身を承認し、勇気づける力が増すことによって、自分で自分の潜在力を発揮していくことができる
- □ できているところより、できないことに注目すると、ダメ出しが始まる
- □ 自己肯定感は、能力の問題ではなく、注目するところの問題

02 自分の潜在力を発揮する習慣

自分のよいところに注目する習慣

あなたは、自分自身のよいところや、できているところに注目する傾向がありますか?

それとも、よくないところや、できていないところに注目する傾向がありますか?

提案したいのは、自分のよいところ、できているところに注目する習慣です。

もし、あなたが、自分のよくないところやできていないところに注目する傾向にあるとしても、心配しないでください。それは、あなたの本質ではなく、まわりの環境によって作られたものだからです。生まれたときのあなたはそうではなく、親の影響、まわりの人間の影響、住んでいる地域の風習の影響、住んでいる国の文化の影響など、様々な外的な影響によって培われたのです。

だから、あなたのせいではありません。

つまり、これは後天的なもの。だから、**これから新しく、望ましい傾向を後天的に習慣づけていけばいいだけの話です。**

よしんば、先天的傾向としてあったとしても、後天的な習慣のパワーによって、自分のよいところ、できているところに注目する割合を増やしていくことは、十分に可能です。

実は私自身も若い頃は、どちらかというと悲観的で、自分のよくないところ、できていないところに注目する傾向がありました。しかしあるとき、単純に「それは損だ！」と思ったのです。それで、自分のよいところ、できているところに注目する習慣を徐々につけていったのです。

そして、それを加速してくれたのが、海外での経験や外資系企業での経験でした。

欧米の文化では、会話の中でとにかく、Good, Perfect, Fantastic, Wonderful, Excitingなどのオンパレードです。お互いよいところに注目して、盛り上げていこうとする陽転思考的なノリがあります。

陽転思考とは、「仕事でもプライベートでも日常に起こるあらゆる出来事をあるがままに受け止めて、感謝の心を抱きつつ、ベストを尽くして生きていこう」という考え方のことです。私もこのノリを自分の中にどんどん取り入れていきました。

そして、何よりも決定的であったことがあります。それは……

「自分自身のドリームキラーであることをやめること」

ドリームキラーとは、夢を打ち砕く存在。つまり、「ダメ」とか「無理」と言って、頑張ろうとする人の力を削《そ》ぐ存在です。人のやる気と自信をなくさせる存在でもあります。

こういう人、あなたのまわりにもいませんか？

場合によっては、上司が部下の、親が子どものドリームキラーになってしまっている場合もあります。

できれば自分のまわりにはいてほしくない。しかし、人は悪気がなくても、ついつい、ドリームキラーになってしまい、自分がドリームキラーであることすら、自覚していない場合が多いのです。

認めたくはないかもしれませんが、自分にダメ出しすることがあるならば、そのとき、あなたはあなた自身のドリームキラーなのです。

自分へのダメ出しは、自分に対する承認の欠如。それは、自分で自分のやる気と心のエネルギーを削ぐことであり、潜在力の発揮を自分で抑制してしまうことでもあります。振り返りや反省をすることは大切ですが、ダメ出しをする必要はないのです。

ここで、あなたにぜひやってもらいたいことがあります。

あなた自身のよいところと、よくないと思っているところを、紙に書き出してみてください。

例えば、ある色の付箋《ふせん》によいところを一枚に一つ、できるだけたくさんの枚数を書

あなたのよいところ

あなたのよくないところ

き出してみましょう。そして、別の色の付箋には、よくないと思っているところを書き出してみるのです。

いかがでしょうか？

私は自分自身のドリームキラーであることを止めてみました。でも、急には無理です。習慣化の手法（CHAPTER5で詳述）に則って、徐々に行いました。

何かの失敗をしたとします。ここで「私はこんなこともできない存在だ」というような自分の存在に対するダメ出しや、「私には才能がない」というような自分の可能性に対するダメ出しが出てきていることに気づいたら、自分のよいところ探しに切り替えてみるのです。

これは、例えば「踏み出したからこそ失敗した。踏み出した自分を誇りに思う」とか、「失敗したけど、○○○という点では結構いい線いったじゃないか」とか、よいところ探しに意識を向けてみると、少なくともダメ出しの量は減っていきます。

それでも、「よいところがなかなか探せない」という場合は、ダメ出ししている自分、つまり、自分がドリームキラーになっている状態に気づいたこと自体を承認してみるといいでしょう。

「よくぞ、自分が自分のドリームキラーになっていることに気づいた！」という感じの承認です。実は万事において、この〝気づく〟ということが、第一ステップとしてとても大切なのです。

また、先にやったように、自分のよいところを書き出すこともぜひ習慣にしてみてください。「毎日寝る前に、自分のよいところを3つ書き出して寝る」というようなことでもいいでしょう。同じ内容が続いても構いません。これが日々しっかり潜在意識に浸透することで、あなた自身に対する承認力が高まっていきます。

そして、先のページの〝よくないところ〟の欄に貼ってある付箋は、「陽転」してみることをお勧めします。

例えば「仕事が遅い」と書いてあれば、「仕事が丁寧」と書き直すのです。

その他にも

「優柔不断」→「フレキシブル」
「気が弱い」→「優しい」「人の痛みがわかる」
「飽きっぽい」→「気持ちの切り替えが早い」「興味が広い」
「いい加減」→「大らか」「細かいところを気にしない」
「意気地がない」→「慎重」「意外と他人に流されない」

どうでしょうか？

自分のよいところに注目するコツがつかめてきたでしょうか？

自分自身を肯定し、自分への信頼を少しずつでも高めていくことを習慣化することによって、実は、あなたの脳内に「愛情ホルモン」と呼ばれるオキシトシンが増大していきます。オキシトシンの分泌が進むと、恐れや不安を感じる脳の部分である扁桃《へんとう》体《たい》や間脳の動きが鎮められます。そして、恐れや不安を感じることが少ないと、人間の脳は、本来の力（潜在力）を発揮しやすくなるということも、学術的に証明されています（＊ジョージメイソン大学の研究など）。

自分のよいところに注目する習慣は、あなたの潜在力を発揮させる習慣でもあるのです。

また、オキシトシンが分泌され扁桃体や間脳の動きが鎮《しず》められることにより、ストレス値も下がってきます。自分のよいところに注目する習慣は、あなたのストレス対抗能力、つまり、現代を生きる上で大切な、レジリエンス力（心のしなやかさ）を高めることにもつながるのです。

自分への質問の重要性

こういうお話をすると、「そんなことをしていると、反省しない人間になってしまうのでは？」と言う人がいます。

しかし、**反省することと、自分にダメ出しすることは別です。**

失敗に対して反省をすることは大切です。反省はしっかりするのです。

次にトライするときの成功率をより高めるための反省は行い、対策を取ります。これは、本当に重要です。

反省というのは、未来の成功のためにあります。反省で、自分の行いや、やり方をよりよいやり方に進化させていくことは重要ですが、そのとき、自分自分にダメ出しする必要はないのです。

自分にダメ出しして、自分で自分の心のエネルギーを落とすというのは、未来の成功にとってあまり賢いとは言えない選択です。もう少し細かく言うと、失敗の原因となった自分の行動を反省するのは大切ですが、自分自身の存在や可能性にダメ出しするのは、自ら成功への活力にブレーキをかけているようなものです。**反省は、自分の態度や行動レベルのことに対し行い、自分の可能性や、存在自体を否定して、ダメ出しするようなことはしない、ここが肝心です。**

これは人に対して怒ったり、注意したりするときも同様です。

「あなたはどうしてそんなにだらしないの！」

と言われるのと、

「あなたのやったことは、本当にだらしない！」

と言われるのとでは、受け取るニュアンスがちょっと違うのではないでしょうか。

ひとつめは、「あなた＝だらしない人」と断定されています。レッテルが貼られている状態です。2つめは、「あなたがした行為＝だらしない行為」という指摘で、これに対して反省を促す言葉です。この裏に「あなたは本来きちんとできる存在のはず」という承認があり、レッテルが貼られていない状態であれば、反省を促す厳しい言葉があっても、次に向かう勇気は出てくるのです。

特に相手が本気で取り組んでいないと感じるときは、その態度や行動に反省を促すような、厳しい姿勢で取り組むというのは大切です。これは、相手のためでもあり、まわりのみなさんのためでもあります。

先程の例にもありましたが、面白いのは、自分へのダメ出しは、自分への質問というかたちで出ることが多いということです。

例えば……

● **「何でこんなこともできないんだ？」**
● **「何でこんなこともわからないんだ？」**
● **「何でこんなふうに考えてしまうんだ？」**

このように、つい「なぜ（Why）」を使って自分自身を追い込むような、勇気くじきの質問をしてしまいがちになります。でもこれらは、実質は質問というより、断定ですよね。

このパターンを変えてあげるのです。

原因論と目的論

原因論	目的論
Why なぜ？	How どうしたら？
過去	未来
ダメ出し	承認
レッテル貼り	状態を観察
勇気くじき	勇気づけ
防御	心を開く
萎縮	潜在力発揮

変換は簡単です。「なぜ（Why）」を、「どうしたら（How）」に変えるだけです。

こんな感じです。

- **「どうしたらできるようになるのか？」**
- **「どうしたら、理解できるようになるのか？」**
- **「どうしたら、よりよい考え方を持つことができるのか？」**

これらは、未来において「できる」という可能性を持っている、という前提での質問です。そのため、自分への承認、自分の可能性への承認が含まれています。だから、レッテルは貼られておらず、先に進む勇気も出てくるはずです。

Whyの質問は、原因追及、ひどい場合は、過去の蒸し返しになります。これを「原因論的追究」と言います。一方、Howの質問は、アドラー心理学で言う「目的論的追求」で、視線はあくまで未来です。

原因論的追究は、トヨタの5回繰り返す「なぜの習慣」などで有名なように、機械の故障や、ビジネスモデルの見直しなど、モノやシステムに対して非常に有効です。

しかし、**人の可能性や存在自体に対してこれをやってしまうと、詰問のようになってしまい、心にネガティブな影響をもたらします。**そのことは、ここまで読んでいただいたあなたには、すでによくわかっていることでしょう。

ドリームキラーをやめてみると

自分自身のドリームキラーを止めたことにより、私の人生は大きく変わっていきました。自分自身の可能性を否定しないようになったのです。

これまで「ちょっと無理かな」と、つい口走ってしまうようなときでも、「やってみる価値はある」となり、「そんなことあり得ない」と思うようなときでも「あってもおかしくないんじゃないかな」と思うようになりました。

かなり有効なのが、「声に出してみること」です。心の中では自分の可能性を否定してしまいそうになるときも、「できる」というような肯定の言葉を発してみるのです。これは、**「心の中で思うことよりも、実際に口に出したことのほうが、多くの感覚器官が働き、脳の中の回路が変化しやすくなって、記憶が強化されやすくなる」**という、脳科学で証明されている方法です。

これは、非常に効果がありました。

心の中で、「できるかな?」と自分自身を疑っていても、「できる」とあまり勢い込まず口に出してみるのです。心と言葉が裏腹でも構いません。

先程の脳科学的側面から言うと、口に出すことで「できるかな?」という心の中の思いよりも、「できる」という言葉のほうが強く脳に記憶され、その後は「できる」という感覚が残っていくのです。つまり、**最初は裏腹でも、口に出し続けることによ**

って、「できる」が記憶に残り、やがて心の中も「できる」に一致していくのです。

ちょっとしたコツは、あまり意気込んで口にするのではなく、「できる」と、さもそれが当たり前のようにできるかのごとく口に出してみることです。**この「当たり前にできる」という感覚が、自己承認、自己肯定へと向かわせてくれます。**

そして、これらのことにより、「自分自身の信者」になることが、自然にできていきました。自分自身の可能性に対して「Ｙｅｓ」の信念を強くすること、これが本当に大切です。

現状においてできていなくてもいいのです。可能性を信じて、一歩一歩でも山を登っていくことができれば、見える風景は変わります。

しかし、自分の中にドリームキラーがいると、この一歩一歩が止まってしまいます。ドリームキラーにどこかに行ってもらうと、再びこの一歩一歩が始まるのです。

留まって、考えてばかりいても何も始まりません。登山中に、頻繁《ひんぱん》に立ち止まって、考えてばかりいて、しかも、「私には登れない。私には登れる可能性がない」というように、自分自身にダメ出しと、勇気くじきをし続けながら登山をしている人がそこにいたら、あなたはどう思いますか？　何と声をかけてあげたくなりますか？

『自分を変える習慣力』は、私の最初の著書でした。出版については、やってみたいという気持ちはかなり昔からあったのですが、長い間私の中にはドリームキラーが存在していました。「現実問題、無理でしょ」と、ささやく存在がいたのです。

自分自身のドリームキラーを止めようと思ってから、この存在は去り、自分が本を世の中に出すということの可能性を否定しないようになりました。

「本を出したい！」という思いから、「ああ、出るよね」という感じで、普通に当たり前に未来の可能性を信じている状態になりました。さらには、都心の大型書店のビジネス書のランキングに、自分の本が並ぶことをイメージするようになりました。

それから月日を要しましたが、焦りや諦めは不思議と湧いてきませんでした。「ああ、タイミングが来たら、必ず出るから大丈夫」そんなことをささやく、ドリームメーカーが、いつからか自分の中に存在していたからです。

やがて、チャンスは向こうからやって来てくれました。なんと、一冊も本を出していない人間に、出版社のほうから執筆の依頼をいただくことになったのです。

こんな経緯で出版させていただくことになった『自分を変える習慣力』は、発売から2日で増刷が決まり、20万部を超えるというベストセラー、ロングセラーとなりました。

大手企業からの指名での研修やコンサルティングの依頼や、企業、大学、高校、青年会議所からの講演の依頼など、出版に限らず、ドリームキラーを止めてから、様々なことが実現しました。これは、自分自身を承認することによって、眠っていた潜在力が、顕在力としてしっかり発揮されてきていることなのだと感じます。

コーチとして、講師として、人の潜在力発揮のお手伝いをする立場として、まず自分自身が自らの潜在力の発揮を証明し続けることは大切です。これにより、目の前の人の潜在力の存在（可能性）への信念もどんどん強化されていくのです。

今一度ハッキリとお伝えしたいことは、あなたがあなた自身のその偉大なる潜在力を発揮することは、決して難しいことではないということです。

キーとなるのは、自分を承認する習慣。

あなたが自分自身に貼っているレッテルを剥がし、自分の可能性を信じ、自分を勇気づけし続けること、これだけです。

たったそれだけで、あなたの偉大なる潜在力は発揮され、あなたは多くの人に貢献するリーダーとしての存在へとなっていくのです。

自分自身を勇気づける習慣

ここで、自己承認度を高め、自己肯定感を上げるために、非常に有効な習慣をお話ししておきます。

優れたリーダーたちの多くは、これをやっています。また、経営者の方々へのコーチングを通して、これを習慣化して、業績を拡大されているケースが実際に数多くあります。

自分自身への質問と同様、私たちは常に自分自身に話しかけています。頭の中で話しかけている場合や、独り言のように言葉に出して話しかけている場合もあります。この言葉が、ポジティブな傾向にあるのか、ネガティブな傾向にあるのかも、ぜひチェックしてみてください。これも、現在のあなたのドリームキラー度と相関があると思います。

もうおわかりかと思いますが、ポジティブな独り言とは、こんな感じです。

「できる」
「大丈夫」
「最高」
「力を持っているはずだ」

一方、ネガティブな独り言とはこんな感じ。

「どうせ無理」
「難しい」
「いいのは最初だけ」
「そんな上手くはいかない」
「できるわけがない」

あなたは、どちらの言葉を日々、自分に投げかけている傾向があるでしょうか？

独り言がネガティブな傾向にある人、ポジティブな言葉に比べ、ネガティブな言葉が多い人は、相対的に自己承認度や、自己肯定感が低くなる傾向にあります。独り言は、誰からの言葉よりも多く、あなたの心と潜在意識に、毎日毎日浸みこんでいきます。だから、強烈な影響力があるのです。

逆に言えば、**ネガティブな言葉を自分に日々どんどん打ち込んでいって、自己承認度が高くなるわけがないのです。**

あなたが部下の立場なら、いつもネガティブなことを言っているリーダーと、たとえ苦しいときにも、ポジティブな言葉で全体の雰囲気をよくしてくれるリーダーと、どちらについていきたいでしょうか？

一方、自分はネガティブな傾向があるとわかったとしても、落ち込まないでください。大丈夫、高くしていけます。そう、これから反対の言葉を多くしていけばいいだけの話なのですから。

また、脳科学の見地でも、自分に対するポジティブな独り言は、脳に新しい回路をつくり、パフォーマンスとメンタルの両面によい影響を与えると証明されています（＊テサリー大学　ハツィゲオルギアディス博士らの研究など）。

自分をポジティブな言葉で勇気づけし続けることは、脳力を高めるという意味でも有効なのです。

さらに重要なポイントがあります。それは、自分の心の中がネガティブ度の強いときやストレスやプレッシャーの強いときは、まるで第三者からの言葉のように、自分を応援し、勇気づける言葉をかけてあげることです。

「私はできる！」ではなく、「あなたはできる！」

「私はしっかりやってきたじゃないか」ではなく、「あなたはしっかりやってきたじゃないか」

というような具合です。

これを心の中で思うだけでなく、言葉に出して、自分の耳に聞かせてあげることによって、さらにメンタルが安定し、パフォーマンスも上がるのです（これは、ミシガン大学クロス博士らによる研究でも、その有効性が証明されています）。

これには、自分をまるで他人事のように客観視することによって、視野が広くなり、心が落ち着くという効果もあり、ストレスやプレッシャーを軽減することにも役に立ちます。

実際には、自分で自分に言っているのですが、まるで他人が応援し勇気づけし続けてくれるような感覚が出てくるのですね。この習慣が定着すると、他人を応援し、勇気づけすることも、より効果的にできるようになります。

自分自身のリーダーになる

このCHAPTERでは、「自分自身を承認する」ことについて、お伝えしてきました。自分自身を承認することは、自分自身を応援することです。**まずは誰よりも先に、自分自身の応援者になってあげるのです。**

これは言い換えれば、「自分自身のリーダーになる」ことです。

リーダーとは、チームメンバーの応援者であり、チームメンバーの本来の力を信じて、その潜在力を引き出してくれる存在。

家族のリーダーである親も同様で、子どもたちの未来の可能性を信じて、最高の応援者になってあげる存在です。子どもは、社会的能力がまだ十分に出ていない存在。特に親は、その成長過程において、様々な経験を積んでいく子どもたちの心の安全基地になってあげることが、子どもたちが安心してチャレンジができる基《もと》となります。

このように、リーダーは、本来、勇気づけの存在であり、相手の潜在力を引き出す存在。リーダーの存在によって、人の成長と自立は促進していくのです。

大事なことは、人のリーダーになる前に、まず、自分自身のリーダーになること。

●自分を応援できる人は、相手も応援できる人
●自分を勇気づけられる人は、相手も勇気づけられる人
●自分を動かすことができる人は、相手を動かすことができる人
●自分を変えることができる人は、相手を変えることができる人
●自分を自立に導ける人は、相手も自立に導ける人

そして、リーダーとしての大きな役目は、「見本になる」ということです。

リーダーがこれらのことができていれば、フォロワーは、そのリーダーに大きく影響されます。リーダーの成長は、フォロワーの成長にも大きく貢献するのです。

あなた自身のリーダーとなり、あなたのたった1回の人生の主人公となり、積極的に生き、人生を切り拓いていく。これは、実は、決して難しいことではありません。

どんな人も、すぐに自分自身に１００％の承認をすることはできないでしょう。

しかし、少しずつ変えていくことはできるはずです。習慣化の力を活用すれば、小さな積み重ねが、やがて大きな差となって現れてくることを実感することでしょう。

次のＣＨＡＰＴＥＲでは、その習慣力のつくり方について、詳しく解説していきます。

Check Lists

- □ 自分自身のドリームキラーをやめることで、潜在力が発揮される
- □ 自分のよいところ探しをする習慣は、自分の潜在力を発揮させる習慣
- □ 反省することと、自分にダメ出しすることは別である
- □ モノに関しての追及は原因論、人に関しての追及は目的論で
- □ 心の中で思うことよりも、口に出したことのほうが記憶に残りやすい
- □ 自分自身に勇気づけの言葉を投げかける習慣で、自己承認力が養成される

□ 自分を勇気づける習慣が身につくと、より相手を勇気づけることができるようになる

□ 自分の心にネガティブ度が強いとき、ストレスやプレッシャーの多いときは、まるで第三者からの言葉のように、自分を応援し、勇気づけることが有効

□ 人のリーダーになる前に、自分自身のリーダーになる

□ 自分を変えることができる人は、相手を変えることができる人

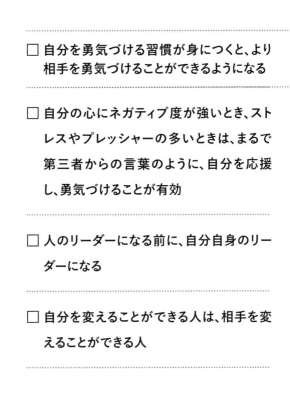

CHAPTER 5

習慣化の技術

01 習慣化の要諦

小さな実践を繰り返す

ここからは、習慣化の技術についてお伝えします。

ここまで読んでいただいたあなたは、特に「承認」について、深い理解を得られたと思います。

一方、この本がただの読み物で終わってしまったら、何の意味もありません。

そのために重要なことは、「実践」に尽きます。実践を繰り返すことによって、深い力を身につけていけるようになるのです。

**日々の積み重ねが、
やがてとてつもないパワーを生み出す**

習慣を身につけるための実践は、何日かに1回、力を入れてやるというようなものではありません。**日々の粛々とした小さな実践の繰り返しです。**この繰り返しが、やがてとてつもないパワーにつながっていくことにあなたは気づくでしょう。

「知っている」と「やっている」の差

企業研修や講演会などで話をしていると、聴衆の中に「その話、知ってるよ」という態度を取られる方が時々いらっしゃいます。そして、「知っているからいいや」というような感じで、集中を欠いている方もいます。

一方、私も他の人の講演に参加したり、学びに行ったりする機会がたくさんあります。研鑽を欠かさないことは、とても重要だからです。

そこでは、すでに知っている話も出てきます。でも、「知ってるよ」というような態度は取らないようにしています。**「知ってるよ」という態度を取った時点で、脳の働きのシャッターが降り、さらなる深い理解に進まなくなります。それまでの理解レベルで留まってしまうからです。**これは、本当にもったいないことです。

そんなときは、「まだわかっていない面があるかもしれない」と思うようにしています。そういう気持ちで聴くと、そのことについての新たな側面や、違う角度の理解が得られることがあるのです。せっかくお金と貴重な時間を使って聴くのだから、「知っているよ」という態度を取って、そのレベルに留まってしまうことは、とてももったいないことなのです。

これは経験から言えることですが、「そんなこと知ってるよ」という態度を取る人に限って、残念ながら理解が浅く、本質にたどり着いていない場合が多いものです。

これは当たり前です。こういう態度を取り続けると、深く学ぶ機会をどんどん失っていくからです。

だから、私の研修や講演では、こういう人も理解のレベルが自然に上がってくるような工夫をたくさんしています。研修開始後、しばらくすると学ぶ態度が変わってくるのがわかります。学びへのスイッチが入る瞬間です。こういう人は、本来、知識欲の非常に旺盛な人、一度スイッチが入りだすと、凄い勢いで吸収していきます。

「知っている」というレベルを「取り組んでいる」「できる」（実践している）のレベルにし、さらには「やっている（習慣化している）」のレベルにまで持っていくことが、本物の実力をつけるために肝心なのです。

このように、物事の習熟には段階があります。これを覚えておくと、「自分が今どの段階にいるのか」という客観視ができるようになってきます。

スノーボードやスキーを例にとりましょう。これらのやり方、滑り方を知らないという段階が、189ページの図の「知らない」という段階です。仲間と初めてゲレンデに行くことになって、事前に本を買って、滑るときの身体の動かし方や、板の斜面に対する立て方などを学んだとします。

これは、「知っている」という段階の初期です。まだ不安なので、もう1冊買ってきて、さらに勉強します。「知っている」の段階がちょっと進みます。

さあ、もうこれで「知っている」ので、ゲレンデで颯爽《さっそう》と滑れますね。

……なわけがない。

何事も実践してみなければ、本当のことはわからないのです。スノーボードやスキーをやったことがある人は、リアルにわかると思いますが、スノーボードやスキーを履いて初めてゲレンデに立ったときは、それまでイメージした感じとまったく勝手が違います。まるでコントロールできない状態になるのです。この状態で、リフトの乗り降りなどを想像すると、倒れそうになるくらい不安になります。

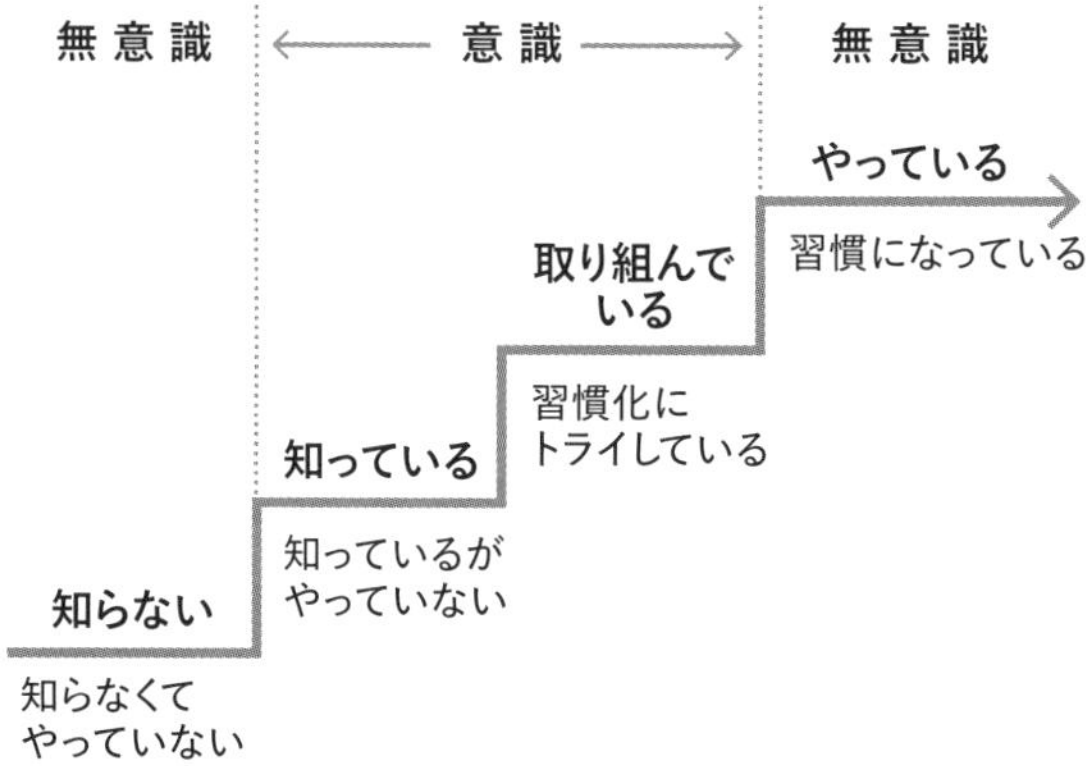

「知っている」から「やっている」状態になることが習慣化

それでもスキー教室などで基礎を習って、実際にゆるい斜面で滑り始めると、何となくできるようになってきます。これが〝取り組んでいる〟段階であり、〝できる〟の初期段階です。そして、1日、2日と実践していくと、楽しさも生まれ、だいぶ滑れてきます。**滑ることができるようになるのは、本で勉強したからではなく、実際に体験して、頭だけでなく、身体で覚えていくからです。この「体得」こそが、本当に重要なのです。**

しかし、この「取り組んでいる」「できる」という段階では、まだかなり意識していろいろな体の動きをしなければいけない段階で、何らかの違和感がありながら滑っている状態です。初級者あたりはこの段階です。でも、逆に言えば、**違和感があるということは、実践をしている証拠です**。ぜひこの違和感を歓迎して、違和感のある自分を承認してあげてください。

これがさらに進み、何十日、何百日という経験をしていくと、かなり急な斜面でも、その状態に合わせ自然に身体が動いていくようになります。違和感は消えていき、身体をコントロールする意識から、無意識で滑っているくらいの感覚になります。これが「やっている」という段階です。

ビジネス書を読んで、読んだきりにしてしまったり、研修や講演会に参加して、「その話知ってるよ」という態度をしてしまったりすることは、ここで言う「知っている」の初期段階のレベルに自分を留まらせることになるのです。

もっと言えば、本当のプロフェッショナルは、何からでも貪欲に学ぼうとするからこそ、プロフェッショナルの領域にまで到達するのです。

つまり、**「知っている」と「やっている」とは雲泥の差があるのです。**

1%でOK

あなたはこの本を読んで、「知っている」がたくさん増えていきます。知っているし、意識もしているのですが、習慣化はしておらず、それに対してまだ不慣れな状態です。

大事なことは、まずこの「知っている」という段階から、「取り組んでいる」「できる」という段階に移行することです。これが習慣化のための実践です。

「取り組んでいる」「できる」という段階になると、習慣化のために行動を日々繰り返しているので、それができ始めている反面、実際のところはまだ意識してこなしている段階です。そして、依然として違和感もあり、継続する意志の力が必要な段階、言わば、定着の最中です。

ここを乗り越えないと、中途半端な習熟で終わってしまいます。「なりたい」と心に描いている「リーダー像」には到達できず、「知っている」の知識だけ残る形となります。非常にもったいない話です。

私がこの本を書いているのは、より多くの人が実践家となって、必要な習慣を身につけ、確実な進化をしてほしいからです。浅い理解で知識やノウハウだけを増やしてほしいからではありません。

スキーで言えば、滑り方は知識としてわかっているけど、実際に滑ることはできない。これは本質を体得していることにはなりません。「知ってる、知ってる」と言ってわかったような気になって、そのレベルに留まり実践できない、習慣化できないのは、本当にもったいない。そう、**習慣化は弛《たゆ》まぬ実践によって実るのです。**

そうは言っても、「取り組んでいる」「できる」に踏み出してみたものの、この段階での実践を継続させることこそが大変、と思っている人も多いことでしょう。

例えば、「明日からずっと、自分自身のドリームキラーでいることを完全にやめてください」と言われても、ちょっと厳しいですよね。

では、「明日から、自分の中のドリームキラーを1%ずつ少なくしてみてください」ならどうでしょうか？

これならできそうな気がしませんか？

「完全にやめる」よりも気持ちが楽なのではないでしょうか？


実は、これだけでいいのです。

そして、その次の日は、さらに1％少なくしてみる。これを続けるのです。

これを毎日できたらどうでしょうか。

そうすれば、これだけで3カ月余り後の100日後には、あなたの中にはドリームキラーはほとんどいなくなっているでしょう。

もし1％が無理なら、0・1％でも構いません。それでも、3年もかからず、望む状態になっています。

これが習慣化の力なのです。

潜在意識を味方につける

このような徐々に変えていくやり方は、実現性が高いと同時に、あなたの潜在意識を味方につけることができるやり方です。

潜在意識の大きな特徴の一つは、「安心安全第一で動く」ということでしたね。潜在意識は、「安心安全が脅かされる」と感じることについては、その強烈な力で防御体制に入ります。**潜在意識は、安心安全のために基本的に現状維持を続ける方向で働くのです。**

変化するということは、何らかの危険が伴います。だから急激な変化を起こし、潜在意識がそれを危険と認識すると、潜在意識は防御体制に入ります。

極端な例で言うと、捕虜になっていた人が、何年かぶりに収容所の外に出られるというような場合でも、その変化に潜在意識が抵抗し、その人に腹痛や憂鬱な気分など、様々な抵抗の症状をもたらしたりするようなケースがこれです。

意識ではずっと早く出たいと思っていた。でも、何年も捕虜生活をしていると、それはそれで安定した秩序が保たれているため（決してベストな暮らしではないが）、外に出るという急激な変化に潜在意識が危険を感じるのです。

潜在意識は、よくこのような過剰防衛を起こしがちですが、潜在意識に防御体制に入られると、強烈なブレーキがかかり、人間は変化を起こしにくくなります。それはまるで、大きな牛が歩くことを拒否し、テコでも動かなくなるような感じです。

我慢して頑張って行う急激なダイエットが成功しにくいのは、このように潜在意識の強烈な抵抗に合うからです。

ダイエットでは、体重を減らすために、脂肪の燃焼を運動や、節食によって促進します。脂肪はキレイなスタイルにとっては邪魔なものかもしれませんが、生きる上では、いざというときのためのエネルギーの大切なストックでもあります。

これをダイエットで急激に減らそうとすると、危険を感じた潜在意識の強烈な抵抗に合います。ちょっと大袈裟ですが、生存が脅かされていると潜在意識が感じ、私たちを守ろうとしてくれているのです。これが、多くの人がダイエットに成功しない根本的な原因です。

仮に一時的にダイエットに成功したとしても、潜在意識が危険を感じている状態のままだと、その強烈な力で元の状態に戻そうとします。実は私たちのために、よかれと思ってそうしてくれているのです。そして、リバウンドというものが起こり、場合によっては、元の体重よりも増えてしまったりします。

潜在意識が危険を感じず、安心安全の状態にいてもらえるために重要なことは、「快の感情」を持つことです。快の感情があると、潜在意識は危険な状態にはいないと安心し、変化を受け入れるのです。

我慢して頑張ってやろうとすることは、この快の感情と反対の「苦の感情」を生みやすくなります。だから、根性論で習慣化をしようとするのはお勧めできません。根性論でやろうとすると、やろうとする意志の力もどんどんすり減っていって、なおさら継続するのが困難になっていくでしょう。

習慣化はできるだけ楽しみながらできる工夫をして、ゆっくりと始めるのがいいのです。そうすれば、潜在意識は、徐々に変化を受け入れていきます。

言葉をポジティブにしていく習慣も、少し能天気になるくらいの気持ちで「いいね！」と楽しみながらやると、潜在意識も安心し、かつ、リーダーとして、まわりの雰囲気をよくしていけるでしょう。

そうして習慣が定着したら、今度は潜在意識がその現状維持の力を持って、習慣の継続に手を貸してくれるのです。

これが潜在意識を味方につけるやり方です。

しっかりと根を伸ばす

「徐々にゆっくり変化させる」というと、「そんなにゆっくりしていられない」とか「成果が見えにくいので、やっている気にならない」などと言う人がいます。

成長曲線（次ページ図参照）をご存じの方も多いと思います。仕事でも習い事でも、それに費やした時間と、実際に現れてくる成果とは、１次直線ではなく、２次曲線のような関係であるという話です。

例えば、事業を始めても、最初から高い成果や高い収益を得ることは難しいでしょ

成長曲線

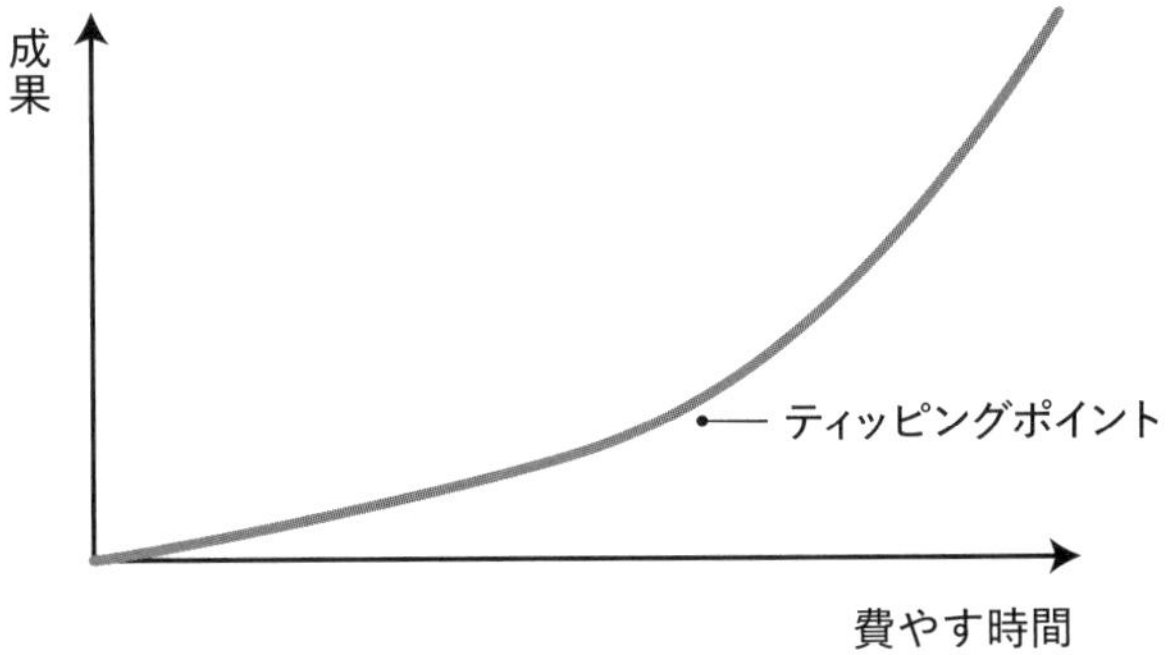

う。最初のうちは、収益さえ出ないかもしれません。それでも続けていくと、やがてブレイクする時期がやってきます。これを「ティッピングポイント」と言い、これを境に成果は急速に上がっていきます。

問題は、このティッピングポイントを迎えるまで続けることができるか？　という点にあります。

「成功できるかどうかのカギは、続けられるかどうかにある」というようなことを、多くの成功者たちがよく言いますが、事業にしても、例えばスポーツで結果を出すにしても、ここまで続けることが大変なのです。「早く成果を出したい」という気持ちが、焦りや心配につながると、この継続する力を削いでしまうことになります。

習慣化の場合の初期も、人は1次直線のように、かけた時間や労力に対して、すぐに正比例の成果が出ることをつい求めてしまいます。だから、好き放題食べて飲んでいた生活から、急激なダイエットをしたり、普段8時に起きているのに、急に5時起きをしたりしようとしまいます。そして、潜在意識の強烈な抵抗にあい、取り組み開始から数日で虚しく挫折する羽目になるのです。

習慣化で言えば、このティッピングポイントは、「やっている」の段階に入った頃、それは違和感なく自然にその行動が取れる頃、つまり習慣が定着してきた頃です。習慣化は、ここまで来られるどうかかが勝負です。ここまで来られれば、後はどんどん成果が上がっていきます。

だから、習慣化の最初の段階で大事なことは、「成果を上げること」ではなく、行動を「定着させること」です。

この段階では、できるだけ快の感情を持って、焦らず、成果を求めず、粛々と続けることが何よりも有効です。だから1％ずつでいいのです。

例えば、自分自身への承認にしても、少しずつでも意識して続けていくと、自然に自分を承認できる体質になっていきます。

これは、間違いなくあなたの一生の財産になります。

一生の財産を作るには、それなりの時間が必要です。そのためには、最初の段階でのしっかりした熟成時間が必要なのです。

意識しながら、ちょっとずつ自分を承認する機会を増やしていく、自分の未来の能力を信じてみる。これを続けることによって、やがて当たり前のように自分のことを承認できる自分がいることに気づくでしょう。

大輪の花が咲くのには時間がかかる

大輪の花を咲かせるために必要なものは何でしょうか？

大輪の花はすぐには咲きません。太陽の光と水と栄養分を時間をかけてしっかり吸収してこそ、大輪の花は咲くのです。

習慣化において、ティッピングポイントを迎えた後は、花を咲かせる時期です。

しかし、**多くの人はティッピングポイントの前に大輪の花が咲くことを期待しがちです。**

ティッピングポイントを迎える前は、その花を咲かせるためにとても大切な時期です。そう、それは「根を伸ばす時期」なのです。大事なことは、この時期にいかに粛々と根を伸ばすことができるか？ということです。根は地中にあるので、成果として見えにくいですが、根がしっかり伸びれば、水分や栄養分をしっかり吸収できる体質になります。これが、大輪の花を咲かせることができる原動力になるのです。

この根を伸ばす時期は、習慣化の段階で言う「取り組んでいる」「できる」の時期なので、違和感もあり、意思の力も使う必要があります。そして、結果への期待や焦りも出てくるでしょう。**でも一番恐れることは、この根を伸ばす活動をやめてしまうことなのです。**

成果が出るにはタイムラグがあります。焦る気持ちが出てきたら、ぜひこの言葉を思い出してください。

「大丈夫！　今は大輪の花を咲かせるために根を伸ばしているんだ！」

イメージから始める

さて、あらためて、あなたが習慣化したいことは何でしょうか？

ここで、もう一つ重要なことは、それをしっかり習慣化することで起こる素晴らしいことを具体的にイメージしてみることです。まさに、その大輪の花がどんなものであるかを具体的にイメージするのです。

自分への承認ができていて、自己肯定感が高い自分、そんな自分はどんなことを可能にしているでしょうか？

相手にどんな影響を与えられる状態になっているのでしょうか？

それは、リーダーとして、どんなレベルになっているということでしょうか？

ちょっとそんな自分になりきってみてください。

人との関係はどうなっている？
そのことで、どんなよいことが起こってくる？
毎日の気持ちはどうなっている？

根を伸ばす時期、つまり習慣化をしている時期に、このようなイメージをしてみることはとても重要です。

このイメージしたことに向かって、自分自身の根がどんどん伸びているイメージを想像してみるのもいいでしょう。これが快の感情を生み出すことにもつながるのです。そして、イメージすることによって「これが私の本来の姿だ」という感覚が、潜在意識にも刻み込まれていきます。

私はオリンピック日本代表選手や、プロアスリートのメンタルコーチングの依頼なども受けます。一流のアスリートの特徴は、非常にイメージ力が高いということです。

ゴルフで言えば「こんなふうにスウィングして、ボールはこの角度でフワッと上がる。そして、グリーンのこの位置で落ちて、こんな感じに2回バウンドして、ピンそばにピタッと止まる」のようなイメージ力が豊富なのです。

これは、いわゆる「イメージトレーニング」というものでもあり、四六時中イメージする習慣をつけているので、イメージが潜在意識にも深く浸みこんでいき、やがて、そのイメージ通りに身体が動くようになっていくのです。

潜在意識は、身体に直結しているという特徴があります。高いところに登ると、意識は大丈夫だと思っていても自然に足がガクガクしたりするのは（意識で身体がコントロールできないのは）、潜在意識の安心安全が脅かされて、身体に直接シグナルを送っている状態だからです。**つまり潜在意識は、意識を介さず身体の動きを発生させたりするのです。**

イメージングの習慣は、このシステムをよりよい結果のために上手く応用しようとしたものです。

詳細で鮮明なイメージを潜在意識に刻み込むことによって、潜在意識の力を使って、無意識にそして自然にそのような身体の動きになるようにプログラミングするのです。これによって、スポーツ選手などは高いパフォーマンスを発揮します。

これを言うと、「私はイメージというものが苦手なので……」と考える人もいます。でも、大丈夫です。はじめてコーチングを受ける人の中には、こういう人はたくさんいます。

傾向としては、女性のほうがすんなりイメージできる方が多く、男性、特に40～50代の男性に「イメージができない」という人が多くいます。

というのも、男性のほうはロジカルなことを重視する傾向にあり、中にはロジカルシンキングなどのトレーニングを受けているため、ロジック至上主義的になっている人もいます。さらには、普段からあまりイメージングというものをしていない人が多いのも事実です（ビジネスを発展させるにはイメージングは極めて大切なのですが）。

しかし、コーチングセッションを数回行っただけで、ほとんどの人は、イキイキしたイメージングができるようになります。

なぜなら、人間は本来イメージする生き物だからです。

例えば、「今日のお昼ご飯どうしよう?」と思ったとき、かつ丼やサバの味噌煮を文字で思い浮かべる人はほとんどいないでしょう。それらの映像を自然とイメージしているはずです。

また、過去のことを思い出すとき、あなたの過去のことが書かれている書物の文字を読んでいる人はいないでしょう。過去に起こったことの記憶の映像をイメージングしているはずです。

このように、あなたはいつもイメージをしているのです。

大事なことは、それをさらに鮮明に持つ習慣づけをすることです。習慣化すれば、誰でもできるようになります。

最初「イメージというものはまったくできない」と言っていた40代、50代の男性のクライアントが、数回のセッション後には、こちらが質問もしていないのに勝手にど

大輪の花を咲かせ、活躍している自分を
どれだけ具体的にイメージできるか

んどん鮮明なイメージを口にすることは、ザラにあることです。

さあ、あなたの大輪の花をイメージする習慣を始めてみましょう。

これは、「ビジョンを描く」ということでもあります。

そのために、最初は付箋などを使って、文字レベルで書き出してみるのもいいでしょう。

そして、それらの内容を具体的にイメージしてみるのです。

これを少しずつでも毎日続けてみる。最初は違和感があっても、少しだけでも続けていくと、イメージングが徐々にできてくる自分に気づくはずです。

ポイントは、大輪の花が咲いたときに起こる、心が動くような、楽しいイメージをたくさん持つこと（ビジョニングすること）です。

特にお勧めしたいのは寝る前です。寝る前にイメージしたことは、特に潜在意識の中に入っていきやすいもの。そういった意味では、寝る前によいイメージを持ったり、よいこと、感謝することを思いながら床に就くという習慣は、とても重要です。

実際には、寝る前にネガティブなことばかり考えるなど、これと反対のことをやってしまう人が本当に多いのです。

今日からはぜひ、よいイメージをすることをお勧めします。

続いては、傾聴をはじめとする具体的なスキルを紹介していきます。これらを習熟し、習慣化していくことで、あなたのリーダーとしてのコミュニケーション力が確実に高まっていくでしょう。

Check Lists

- □ 「知っているよ」という態度を取った時点で、理解のレベルは停滞する
- □ 違和感があるのは、実践している証拠
- □ 「知っている」と「やっている」は雲泥の差がある
- □ 毎日1％の実践を続けることで、やがて状況は大きく変わる
- □ 潜在意識は、基本、現状維持をする方向で働く
- □ 我慢して、頑張ってやろうとすることは、「苦の感情」を生みやすくする
- □ 「快の感情」が継続につながる
- □ 習慣化の最初のフェーズで重要なことは、成果を上げることではなく、定着させること
- □ 活動量に対して成果の上がらない時期は、大事な「根を伸ばす時期」
- □ 人間は本来イメージをする生き物
- □ 寝る前にイメージしたことは、潜在意識に入っていきやすい

02 相手が変わりやすくなるために

習慣で性格も変わる

習慣というのは、第二の天性とも言われます。

「習慣に気をつけなさい、それはいつか性格になるから」

マザー・テレサの有名な言葉にもあるように、意識して行動（実践）することが習慣につながり、習慣は性格をもつくっていきます。これが第二の天性です。

つまり、正しい意識と行動を習慣化することによって、人間は変わることができる

のです。

ここまでで、自己承認や相手に対する承認力も、頑張って急激に何とかしようとするのではなく、場面、場面で意識しながら、できていない自分にも気づきながら、少しずつ養っていけばいいということがわかったと思います。

一方、目の前の相手を動かし、変えるためには、マザー・テレサくらいのレベルの承認力が必要だと思っている人もいるかもしれません。確かにそれほどの力があれば、コーチング的なスキルなどなくても、目の前の人たちを変えていくことができるでしょう。しかしながら、そのようなレベルを目指すことは必要なく、あくまでできることを確実に養成していけばいいのです。

そんな中、承認力の養成とともに、相手を動かし、変えるために役立ってくれるのがコミュニケーションスキルです。

本書では「スキルだけでは、目の前の人の根本は変わらない」と、繰り返しお伝えしてきました。承認力を土台として養成することなく、スキルだけをトレーニングしたところで、相手の潜在意識を根本的に解放することにはならないということです。これは、スキルが重要ではないと言っているのではなく、スキルだけを身につけることが十分条件ではないということです。

言いたいことは、承認力という土台をつくろうという意識と行動がある中で、同時にスキルを身につけることはとても有効だということです。

承認力を養成する方向に舵を切ろうとしているあなたには、ぜひスキルも実践し習慣化していただきたいと思います。これらも、日々実践することによって、「ほとんど無意識でやっている」というレベルにまで到達します。

傾聴を習慣化する

コーチングセッションでは8対2以上の割合で、コーチではなくクライアントがたくさん話しています。コーチの仕事のメインは聴くことと質問することです。聴くと言っても、ただ適当に聴いているのと、ちゃんと傾聴しているのとは、クライアントから引き出される内容に雲泥の差が生じます。

企業向けのコミュニケーション研修をしているときに、マネージャーなどをはじめとする参加者のみなさんに話を伺うと、コミュニケーションを上手く運ぶためには「話が上手でなければいけない」と思っている人が実に多いように感じます。

そして、「上手く話さなければいけない」という思いが、プレッシャーになっている人もいます。

しかし、よいコミュニケーションの基本は、上手く話すことではなく、しっかりと傾聴することです。

話が上手くなくても、相手の話をちゃんと聴くことができれば、よいコミュニケーションを取ることは十分可能ですが、傾聴がちゃんとできないと、いくら話すことが上手でも、よいコミュニケーションを取ることはできません。これでは、リーダーのコミュニケーションとしては、合格点に至らないでしょう。

さらに言えば、「優れた内容を話せば、ちゃんと相手に伝わる」というのも、単なる思い込みです。

承認を基にした傾聴ができておらず、相手の潜在意識に拒否反応が出ていたら、いくら優れた内容を上手に話したとしても、相手の心の中には決して入っていかないのです。これでは、人は動きません。

ここでは、傾聴スキルの基本をご紹介します。

相手に対する承認感を持ちながら、これらの基本を意識して相手の話を聴くだけで、相手に明らかな変化が見えてくることに気づくでしょう。

❶相手が話しやすい雰囲気づくり

コミュニケーションは相手との共同作業です。

研修の場など、多くの人間が集う場でも、その場でのコミュニケーションは参加者全員との共同作業です。相手が話しやすい、よい雰囲気の場をつくることで、相手との気持ちの架け橋がかかりやすくなります。

まずは、こちらからリラックスした表情、姿勢を取ることなどによって、相手が安心して話せる雰囲気をつくり出すこと。話しやすい雰囲気をつくり出せたら、その場がお互いによりよいものを生み出すことのできる場になっていくでしょう。

話の本題に入る前に、共通の話題でしばし雑談をすることなども、雰囲気づくりのために有効です。

例えば、私は、ミーティングやコーチングの前に、お互いの近況の「ちょっとしたよかったこと」を、1分程度でシェアし合うということをよくやります。

これだけで、お互いの気持ちが随分ほぐれ、話しやすい雰囲気がつくり出されます。

❷笑顔

笑顔は世界共通かつ最強のコミュニケーションであり、最強のシグナルです。

笑顔の多い人には、自ずと人が集まってきます。笑顔の人には、こちらの潜在意識も安心を感じ取ります。

人と人の間で、笑顔があるかないかで、その関係性は大きく変わってきます。笑顔は、よい人間関係を築き上げるための必須ツールでもあるのです。

いい気分のときは、容易に相手に向かって笑顔で会話することができるでしょう。**課題は、そうでないときや心配事があるとき、そして苦手意識のある人の前に出るときなどに、いかにこの笑顔の状態を続けられるどうかです（これは、リーダーとしてかなり重要なことです）。**


変な話ですが、私は笑顔の習慣を身につける訓練をしてきました。これは、前述のS君に教えてもらったことです。

そのため、コロナによるパンデミックが起こる前から、マスクを四六時中つけていました。例えば電車に乗っているときも、街を歩いているときも、笑顔でい続ける訓練をしていたので、気持ち悪く思われないように、マスクで隠していたのです（笑）。

笑顔の訓練をしていると、顔の筋肉レベルで笑顔の状態になっていくので、やがて人からの印象として、「笑顔の人」という言われ方をするようになっていきました。

リーダーが、「笑顔の人」であることと、「しかめっ面の人」であることの差は、かなり大きいのではないかと思います。あなたは、いかがでしょうか？

❸うなずき、あいづち

これらは、驚くほどパワフルです。

想像してみてください。

あなたが話していることに対し、ある人はタイミングよくうなずきやあいづちを打ってくれる。一方は、うなずきもせずあいづちもなし。

あなたが話を続けたくなる気持ちは、どのくらい違ってくるでしょうか？

これだけのことで、会話の内容まで大きく異なってきます。

うなずき、あいづちなどは、話し手が「自分の話を受け取ってもらえている」と感じるシグナルの発信です。逆に、聴き手にこれらの動きがないと、話し手は不安になったり、話をする気を削がれたりします。

あいづちは、「うんうん」「それで、それで」「そうなんですね」「ほぉー」というような簡単なものですが、話し手のリズムに合わせてすることによって、会話自体も盛り上がります。これらを自然に「やっている」というレベルになると、相手はとても話しやすくなります。
これらをスキルとして、意識して行う習慣をつけることは重要です。と同時に、相手への承認感の土台ができてくると、これらのことは、意識しなくても自然に行われていくでしょう。

❹繰り返すスキル（バックトラッキング）

これは、相手の言った言葉をオウム返しのように繰り返すスキルです。
オウム返しというと、ちょっとネガティブなイメージを連想する人もいるかもしれませんが、意外にも、とても有効なスキルです
これが自然にできるようになると、相手の深い共感を生みやすくなります。
例えば、仕事で失敗をしてしまったAさんと、その話を聴いているBさんの会話があるとします。ちょっとAさんの気持ちになって、次のやり取りを感じてみてください。

A「この前仕事で失敗してしまって……」

B「どんな気持ちなの？」
A「何だか悔しくて……」
B **「悔しいんだね」**
A「うん」
B「どんな悔しさがあるの？」
A「壁に頭をぶつけたい感じ」
B **「壁に頭をぶつけたい感じなんだ」**
A「ホント、それくらい悔しい…」

このBさんがやっているような、バックトラッキングというスキルを自然に行えると、Aさんにとって「Bさんは、話をちゃんと聴いてくれている人だ」という感覚になってきます。

これをバックトラッキングではないパターンでやってみましょう。

再びAさんの気持ちになって、次のやり取りを感じてみてください。

A「この前仕事で失敗してしまって……」
B「どんな気持ちなの？」
A「何だか悔しくて……」
B「そうか、そんなに怒りがあるのか」
A「……」
B「どんな怒りがあるの？」
A「いや、怒りという感じとはまた違っていて。悔しいというか……」
B「強い悔しさかぁ」
A「……（強いとかじゃなくて）」

こちらはどうでしょうか？

会話がチグハグになってしまって、Aさんがちょっと戸惑っている感じが伝わってくるのではないでしょうか？

ここでは、Bさんは、Aさんの言っていることを、自分の感覚で勝手に解釈していますす。そして、Aさんの言葉に自分の解釈で言い換えを加えています。

だから、Aさんとしては「ちょっと違うんだよなあ」という気持ちが起こっていま す。こういうことが続くと、「Bさんは、私の気持ちをわかろうとしていないのでは ないか?」という疑問も出てきてしまいかねません。

バックトラッキングのスキルは、自然に使える習慣がつくと、話し手のあなたへの 信頼感が、「聴いてもらっている」というレベルから、「私のことをわかってもらって いる」というレベルに上昇します。

ただのオウム返しではなく、これを傾聴のスキルとして効果を発揮させるためには、 リピートするときの心の込め方にポイントがあります。

例えば、「何だか悔しくて……」に対し、「悔しいんだね」と繰り返すだけですが、 これを淡々とやると、何かバカにされたように聞こえて、話し手の気分を害する可能 性もあり得ます。

一方、この言葉に、承認や共感の感情がしっかりこもると、相手からの信頼感は確 実に増していくことになります。ここでも土台が重要なことがおわかりになると思い ます。

⑤相手の話に興味を持つ

これも傾聴の基本スキルですが、相手に対する承認がしっかり存在していれば、相手の話に自然に興味を持って聴くはずです。

そして、相手の話に興味を持つことによって、相手の頭の中の世界をより知ろうとするための質問も自然に出るようになってきます。逆に、相手が話している最中、自分のことに意識が行っていたり、まわりのことに気を取られていたりすれば、相手は「私の話に大して興味がないんだな」と口を開く気がなくなってしまいます。

また、相手の話に興味を持つ態度は、しぐさや目の動き、姿勢などの非言語コミュニケーションとして、自分の意識のコントロール以外のところでも表面に現れます。そして、相手はこれらを敏感に察知します。

つまり、相手を承認しながら、相手の話に興味を持っているかどうかは、言葉以外にも、非言語を通して、確実に相手に伝わっていくのです。

だから、何よりも大切なのは、やはり承認であるということがここでもわかります。

よいコミュニケーションのコツは
うまく話すより、しっかり聴くこと

それでも、相手が話している内容にどうしても興味が持てない場合もあると思います。

例えば、世代が違う部下と話していて、「部下が夢中になっているSNSの話に興味が持てない」というような場合です。

この場合は、ちょっと視点を変えてみるというやり方があります。それは、「このSNSのどういう点に、この部下は強く惹かれるのだろう？」というような視点です。

これであれば、そのSNS自体に興味がなくても、部下が夢中になるポイントについて興味を持つことができると思います。

⑥相手の話を取らない

相手がまだ話し終わっていないのに、関連した話をこちらがかぶせるように話し始める……これ、部下に煙たがれているリーダーがよくやりそうなことだと感じる方も多いのではないでしょうか。

興味があって、どうしても話したい内容が出て来たときにやってしまいがちなことでは、ありますが、信頼されるリーダーがやることではありません。

これは傾聴という点では最もやってはいけないことの一つです（気の置けない仲間との飲み会などでは、相手も許してくれると思いますが）。このことによって、相手の話す意欲を著しく削ぐことになるからです。

自分の話をしたくなる気持ちもわかりますが、それはこの会話においての意識が相手によりも自分のほうに向いている証拠。相手が伝えたいことをいったん受け取ってからにすると、コミュニケーションはより生産的なものになるでしょう。

ラポールの技術

人と人の関係で、お互いの心がオープンになっている状態を指して、ラポールと言います。

ラポールはフランス語で、「橋をかける」という意味で、自分の心と相手の心とに橋がかかっている状態をイメージしてもらうとよいでしょう。逆に、橋がかかっていない状態では、こちらが何を言っても、その言葉は水面に落ちていって、相手の心にはしっかりと届かないのです。**また、ラポールの状態は、相手があなたに対して心理的安全性を感じている状態であると言ってもいいでしょう。**

深い相互承認により、このラポール状態がさらに進むと、お互いの意識と潜在意識の境目がゆるい状態となります。ラポールは、相手が自然に変わっていくようになるための入り口に必要な状態です。

そして、親密な信頼関係をつくり出すためのテクニックをラポールテクニックと言い、これは習慣化する価値の非常に高いものです。

繰り返しますが、ラポールの基本も承認です。

承認なくしてラポールなしです。

ラポールテクニックには様々なことがありますが、ここでは、その基本だけをお伝えします。

❶ペーシング

「息が合う」という言葉があります。「息が合ったコンビ」「チームで息を合わせる」などとも言います。サッカーやラグビー、バスケットボールなど、強い結束力のあるチームは実際に計測してみても本当に息が合っているそうです。

ペーシングは気持ちだけでなく、会話のトーンや呼吸のリズムやペースなどを相手と合わせていくというテクニックです。それによって、相手はあなたとの一体感を感じ、親近感や安心感を持ちやすくなります。

まず手をつけやすいのは、会話のスピードでしょう。会話のスピードは、部下によって違うと思います。早口の人もいれば、ゆっくりと言葉を紡ぐタイプの人もいるでしょう。

会話のスピードを相手に合わせることによって、相手は「自分のペースで話すことを許してもらっている」ということを、意識だけではなく、無意識レベルでも感じます。さらには、声の大きさや会話のトーンの差が大きいと、相手は違和感を持ちますが、ここの差がないと、自然なつながりを感じやすくなります。これらのことにより、相手の潜在意識の安心安全欲求も満たされていくのです。

逆に、相手のペースも気にせず、自分のペースで大声でまくし立てる無神経なリーダーにラポールを感じる人はあまりいないでしょう。

うなずきやあいづちのペースも、しっかり相手の会話のペースや間の取り方に合わせていくと、よいかたちのペーシングとなっていきます。この辺りが「やっている」という状態にまで到達していくと、いかにも「会話の達人」という雰囲気を帯びてきます。

これは、かなり上級編になるのですが、私がコーチングをするときに実際にやっているのは、相手とできるだけ同じペースの呼吸をすることです。できるだけ同じタイミングで息を吐き、できるだけ同じタイミングで息を吸うというのが習慣になっています。

そうすると、「この人の呼吸は私の普段の呼吸のペースよりゆっくりだな」とか、「この質問をしたときから、呼吸のペースが速くなったな」など、相手の非常に細かなことにも気づくことができるようになります。このような気づきが、相手のことをより深く理解することに役立ってくれたりするのです。

これをやっていると、質問のタイミングも抜群によくなっていきます。マル秘テクニックとしては、「相手が息を吐いているときに質問する」という奥義《おうぎ》があります。人間は、息を吸っているときよりも、吐いているときに質問されたほうが、スムーズに答えることができるという特性を持っているためです。

❷ミラーリング

ミラーリングのミラーは鏡のこと。ミラーリングは、目の前で話している相手と同じような動作を取ることです。

話しているとき、相手がちょっと前のめりになってきたら、こちらも同じように前のめりになる、相手がグラスの水を飲もうとしたら、こちらもちょっと飲んでみる、というような動きです。

私たちの潜在意識は、自分と相手が「似ている」とか「共通点がある」ということに安心感を抱きます。相手の動作を真似ることによって、この「似ている」や、「共通点がある」という感覚を相手は認識し、ラポールが築きやすくなります。

ただ、これもあまり露骨《ろこつ》にやると、かえって相手に違和感を与えてしまいます。だから、すべての動作を真似るのではなく、あくまで自然に、さりげなく行うことが重要です。

これも最初は意識しながら、習慣化の「できる」というプロセスを繰り返していくと、やがて自然に「やっている」という段階になり、無意識のうちにミラーリングをしているという状態になります。

❸バックトラッキング

これは先ほどお話ししたことの復習です。重要なので、もう一度お伝えします。

「悲しい」というような気持ちの部分を「悲しいんですね」と繰り返したり、「思わずやってしまった」というような事実の部分を「思わずやってしまったんですね」と繰り返すことです。

これは、「いい悪いの評価なしに、一度相手の話や気持ちを受け取る」ことでもあります。特に、相手が失敗したことや正しくないことをしてしまったときなどは、そのことを評価せずに受け取ってあげることによって、相手の潜在意識は安心します。

逆に、反省も良心の呵責《かしやく》も強く感じているのに、最初からいきなり評価を入れられるとどうなるでしょうか？

例えば、Aさんという人がある失敗をしたとします。次の文章を、失敗をしたAさんの気持ちで読んでみてください。

A「このような理由で失敗してしまったのです」
B「その失敗がまわりにどれだけ迷惑をかけているのかわかっているか！」
A「……」
B「どうするつもりだ！」

どうでしょうか？
失敗したことについての反省や正しくないことをしてしまったことへの良心の呵責は、すでに自分の中に重く存在しています。それなのに、そのことについていきなり畳みかけられても、立つ瀬がなくなります。

では次に、こちらはどうでしょうか？

A「こんな理由で失敗してしまったのです」
B「そんな理由で失敗したんだね。それについてどう思っている？」
A「みなさんに迷惑をかけて、本当に申し訳ないと思っています。すぐにでも謝りたいです」

B「謝りたいんだね。では、具体的にどうしていこうか?」

どんな感情が湧いてきますか?

Bさんに対してどんな思いを持ちますか?

それらは先程とどう違うでしょうか?

また、バックトラッキングには相手を勇気づける効果もあります。例えば、いろいろ失敗したけど、これだけはできたと相手が話しているようなときです。

こんな感じです。

A「こんな理由で失敗してしまったんです」

B「そうなんだ」

A「でも、そんな中、これだけは何とかできたんです」

B **「できたんだよね」**

最後の「できたんだよね」を少し強めに言ってあげることによって、相手はできた自分を強く感じることができ、勇気が増していきます。

リーダーとして未来に起こしたい結果は、相手を罵倒《ばとう》して、相手の心のエネルギーを下げ、未来の成功確率を下げることではないはずです。

相手がちゃんと取り組んでいない場合は別問題ですが、相手が相手なりにちゃんと取り組んだ上で結果が伴わなかった場合、リーダーとしてやるべきことは、相手の心のエネルギーを上げ、次回の成功確率を上げることです。

バックトラッキングは、小さなことのように思えるかもしれませんが、しっかりと習慣化することで、あなたのリーダーとしてのコミュニケーションのレベルを密かに爆上げする要素となるのです。

バックトラッキングは、自然なニュアンスとタイミングが肝心で、ここが不自然だと何の効果も生まなくなります。これを自然にできるようになるには、相手に対する承認の気持ちを持ちながら、繰り返し実践し、習慣化していくことが肝心です。

ご紹介したテクニックを一気に身につけようとすると、なかなか大変で気が滅入ってしまうかもしれません。

一気にやろうとしないでください。**一つずつ確実に、1%ずつ繰り返しながら「やっている」段階まで持って行くことをお勧めします。**

そして、日々少しずつでも繰り返す自分自身をしっかり承認し続けてください。

そうすることで、数ヵ月後には「やっている」自分に気づくことでしょう。

Check Lists

- □ 習慣化とは「ほとんど無意識でやっている」くらいのレベル
- □ 相手が変わっていくためには、会話中、こちらの意識が相手に向かっている時間ができるだけ長いことが重要
- □ よいコミュニケーションの基本は、上手く話すことではなく、しっかりと傾聴すること
- □ 相手の潜在意識に拒否反応が出ていたら、いくら優れた内容を上手く話したとしても、相手の心の中には入っていかない
- □ 相手の話に興味を持っているかどうかは、確実に相手に伝わっている
- □ 承認なくして、ラポールなし

CHAPTER 6

Case Study

〝できる〟から〝やっている〟に変える対話術

01 「この件、どうしたらいいと思う？」

「できる」から「やっている」へ

この最終CHAPTERでは、これから実践を始めようとするみなさんがよりスムーズにその実践を進められるよう、参考になりそうな具体事例をいくつか挙げていきます。

ただ、これらはあくまでコミュニケーションの一つの例をご紹介するものであって、絶対的な正解ではありません。その場の様々な状況によって、伝えるべきことや伝え方なども変わってくるという前提の上でご紹介します。

ここでの軸となることも、やはり承認。

相手の可能性や存在を承認する軸があることで、一定のパターンの「お決まりの対応」というレベルのものを超えるコミュニケーションが生まれます。大事なことは、相手への承認を確固たる軸に持ちつつ、この本で得たスキルや対応パターンを実際に試し続けながら、「取り組んでいる」「できる」から「やっている」に到達していくことです。


型通りにできなくてもOKです。ましてや一字一句正確に伝えようなどと思う必要もありません。ハードルを高くし過ぎず、少しずつ経験を増やしていく。そして、1％でも0・1％でもやってみた自分をしっかり承認する毎日を送る。

そのための参考例として、これからご紹介するケースを見てもらえればと思います。

指示待ちから自主自律型へ

私たちが誰かと一緒に仕事をするときや、チームスポーツをするときに、相手に期待することの一つとして、「自分から考えて動いてほしい」ということがあります。

部下を相手にするケースなどでは、指示待ち人間から、能動的な姿勢を見せる自立した存在に変わってほしいと思うことは多いのではないでしょうか？

グーグルなどの世界的人気企業が、採用時に最も重視することも自主自律性。そういった意味でも、部下の自主自律性を高めることに貢献できることは、非常に価値のあることだと思います。

マネージャーを対象にした企業研修のとき、よく耳にするのが、「指示待ち人間が多くて困る」ということ。そんなときにはまず、「そんな部下とのやり取りを具体的に思い出してください」とお答えしています。

お話を聴いて、そのやり取りから見えてくるのは、指示の意味を説明せずにただ指示だけ出していることや、事細かく指示をし過ぎることなどです。確かに、指示をしたことをしっかり実行してくれることを期待するならば、それで正解でしょう。

一方、マネージャーのみなさんが部下に期待することは、「自分で考えて動くこと」。そうであれば、自分で考えて動いてくれるような投げかけをすればいいのです。

簡単です。

「この件、どうしたらいいと思う?」

ここでも目的論的アプローチが登場します。指示待ちが癖になっている人は、おそらくこの問いにすぐには答えられません。

黙ってしまうとか、フリーズしてしまうこともあるでしょう。最初の段階は、かなりの忍耐を要しますが、まずは相手が何か口を開くまで聴いてあげるのです。

そこで大切なのが、**「この人は指示待ち人間だから困る」というレッテルを剝《は》がし、相手の可能性への承認の気持ちを持って、なんとか口を開く勇気を持てるよう応援してあげることです。**

ここで、答えが出てこないことにイラついて、「どうしたらいいか答えられないのは、普段からちゃんと考えていないからだ!」などと言うと、元も子もありません。

風邪をひいて高い熱があるときなどは、寝床から起き上がるのも大変です。こんなとき、「何しているんだ！　さっさと起き上がれ！」と言われたら、どうでしょうか？　その部下は、このような熱がある状態と同じように、指示待ちが癖になっている状態なのです（熱がある状態が本質ではないのと同様に、指示待ち状態はその人の本質ではなく、あくまで状態です）。この状態の人に「案が出てこないのは、おかしい！」とやってしまうことは、強烈な勇気くじきを与えることになります。

あなたが、「指示待ちがこの人の本質だ」と本気で思っているようであれば、その人が考えて動くことを期待するほうが愚かだということ。ここでもし、目の前の人が考えて動く、活力のある状態を具体的にイメージすることができれば、相手への承認感を感じることができるようになっていきます。

すぐ答えが返ってこなくても、

「何か気になっていることはある？」

とか、

「こういうやり方じゃうまくいかない、と思うことはある？」

などと、承認と勇気づけをベースにその場で思いついたことをいろいろ投げかけてみるのです。

そして相手から少しでも言葉が出てきたら（仮にあなたがその言葉に100％同意していなくても）、

「その視点、面白いね」

とか、

「今の話から影響を受けて、ちょっとこんなことを思いついたんだけど」

とか、**相手が口を開いたことに何らかの価値があった、そして何らかの貢献をしたということを伝えてあげると、相手がさらに意見を言うことへの勇気づけとなります。**

こうしていると、さらに相手から意見やアイデアが出てくるようになります。場合によっては、最初の段階でかなり忍耐がいるケースもあるでしょう。しかし、**そもそも人の上に立つというのは忍耐のいる仕事なのです。**そのために、部下よりも高い給料をもらっていると言ってもいいくらいです。

ただ、その忍耐の先には、あなたが望む展開が待っています。一時期の忍耐を嫌がって、いつまでも「部下が指示待ちで困る」と言い続けるのか、その忍耐を自分の成長の糧《かて》ぐらいに捉《とら》えて、承認と勇気づけをやってみるのか、が結果を残せるリーダーと、残せないリーダーの違いです。

さて、これからのあなたは、どちらを選びたいでしょうか？

一方で「『どうしたらいいと思う？』と、部下にいちいち聴くのは、こちらが案や解を持っていないと思われるのではないか？」と、心配する人もいます。

その気持ちもわかります。でも、心配には及びません。

一緒に考えるモードに入ることによって、相手は考えることに集中します。あなたのことをどうのこうのと思うよりも、目の前の課題の解決方法に意識を集中してくれるのです。

聴いても一向に答えが返ってこないときは、こちらから選択肢を出して、「どれがいいと思う？」と相手に聴きながら、選択した理由などを聴いていくのがよいでしょう。そうすることで、相手はあなたに自分の意見を言うことに慣れていきます。

あなた自身が、案や解を持っていない場合は、「私にもまだ、いいアイデアが見つかっていないんだよ。一緒に考えてくれる？」と正直に言ってしまえば、「意見を求められている」、「頼られている」という感覚で、相手が考えようとする動機が増してくる可能性もあります。

また、これは一種の自己開示でもあるので、自分が案や解を持っていないことを素直に伝えてくれるリーダーに呼応し、「自分も弱い部分を見せてもいいんだ」という安心感を覚え、口を開いてくれる動機にもなるのです。

このように、あなたの弱い部分を相手に見せられるかどうかは、あなたのリーダーとしての度量にも関わってきます。

そもそも相手が動く、変わるという目的のために、あなたの優秀性の誇示は必要がないことなのです。

優れたリーダーの中には、確固たる答えを持っているのに「私にはわかりません。考えてくれますか？」と、あえて伝える人もいます。己の優秀性の誇示という必要のないプライドを捨て、「相手の成長を支援する」という目的を果たすべく、そうしているのです。

このような習慣を身につけると、あなたの人間性は、確実にスケールアップしていくでしょう。


一方、「時間がないときは、そんな悠長《ゆうちょう》なやり取りはしていられない」という人もいます。


そんなときは、こんなふうにしてみるのはいかがでしょうか？

「この件について私はこうするとよいと思うけど、君はどう思う？」

相手の指示待ち度が高いと、「それがいいと思います」という回答が返ってきがちですが、それでももう少し時間が取れるようであれば、「この案のどの部分がいいと思う？」と意見を求めることで、相手に「考える癖」をつけてあげることができます。


このやり取りで大事なことは、相手が自主的に出した意見をもとに動いたことで、うまくいかなかったり、失敗してしまったケースへの対処です。

失敗に対して、「君の考えが浅かったから」「君のやり方が甘かったから」などと、ダメ出しをしてしまったら、元も子もなくなってしまいます。

そもそもその意見に賛同しGOを出したのは、上司としてのあなたです。責任を背負うのは上司の仕事です。責任を背負ってあげるからこそ、部下は安心して動けます。それを、手のひらを返したように一方的に相手のせいにしたら、またアイデアを出すのをやめ、あなたの指示を待つようになります。そのほうが相手にとってリスクがないからです。

上司とは部下の後ろ盾《だて》になってあげる存在、親が子どもにとっての安全基地であるのと同様です。

相手の失敗に対し、「そもそも自分がちゃんとカバーできていたか?」とか、「アドバイスは足りていたか?」など、こちらも反省するところがあるかもしれません。「なぜ失敗したんだ?」という原因論の質問は、1回ぐらいに留めて、「では、次からどうしたらいいと思う?」と、未来の成功に向けて一緒に歩み出す。これが自主自律に向けての方向性です。

相手に考える癖をつけてもらうことは、ケースによっては、かなり忍耐と根気がいるかもしれません。そんな場合は、「あなたの人間としてのスケールを育てる体験をさせてもらっている」と思ってみるといいでしょう。人間のスケールを育てるトレーニングのために、目の前の相手はわざわざ自分の人生に登場してきてくれた、くらいに考えてみるのです。

さて、今一度、これまであなたがどんな対応をしてきたか振り返ってみてください。そして、どんな習慣を断捨離し、どんな習慣を身につけていくことが重要かを明確にしてみてください。

もし、あなたのまわりが指示待ち人間ばかりだと感じたら、「指示待ち人間をつくってきたのは、あなた自身」なのかもしれません。

これから、あなたのまわりの人たちが自主自律の存在になることに貢献していくのも、あなた自身のリーダーとしての大切な仕事です。

02 思い切って自分をさらけ出す

本音を話してほしい

Fさんは、新規事業開発チームのリーダー（部長職）です。この新規開発チームは、構造的に高い成長が見込めないその会社のメイン事業に頼ることなく、収益性の高い新しい事業軸をつくり出すという大変に重要なミッションを持ったチームです。そのチームリーダーに抜擢《ばってき》されたFさんは、大きなプレッシャーを感じながらも、高いモチベーションを持って、そのチャレンジに取り組んでいました。

忙しい毎日を送る中で、Fさんにはとても気になることがありました。一つは、チームの会議が喧々囂々《けんけんごうごう》とならないことでした。新規事業を生み出すには、チーム内でアイデアと意見のぶつかり合いが必要です。しかし、チームの会議は、むしろとても静かに進行していきます。Fさんの言うことに異を唱える人も少なく、現場から報告される情報にも新鮮さを感じられませんでした。

部下との会話でも、アイデアや意見を聴かせてもらうことが少なく、部下が本当のところ何を考えているのか、何を感じているのかがわかりません。

そんなFさんとのあるときのコーチングセッションは、こんなふうに進みました。

私「特に気になっていたり、本音がわからないと感じていたりする人は誰ですか？」

Fさん「Yさんですかね」

私「（椅子を一つ持ってきて）今、この椅子にYさんが座っていて、最近Yさんとした仕事の話を思い出して、まるでそれを再現するかのように、（Yさんが座っていると想定されている）この椅子に話しかけてもらえますか？」

Fさんは、（椅子に座っていると想定している）Yさんに向かって話し始めました。話が進むにつれ、段々とFさんの表情が険しくなっていきます。
そして、いったん立ち上がってもらい、しっかり伸びをしてリラックスしてから、今度はYさんの席に移動してもらいました。
そして、今度はまるで部下であるYさんになったような気分で、先ほどまで座っていたFさんの椅子に向かって、Yさんとして話しかけてもらいました。
ひとしきり話してもらった後で聞いてみました。

私「(Yさんになりきっている Fさんに向かって) Yさん、今、Fさんと話してみて、どんな気持ちがありますか?」

(Yさんになりきっている) Fさん「F部長からは、正直かなりの圧力を感じるんです」

私「というのは?」

(Yさんになりきっている) Fさん「これを言っていいのかな? とか、これを言ったら否定されるんじゃないかとか、これを言ったら怒り出すんじゃないかとか……」

私「どうしてほしいですか?」

(Yさんになりきっている) Fさん「一度ちゃんと話を受け取ってほしい」

私「そうなんですね。受け取ってほしいんですね。他には？」

（Yさんになりきっている）Fさん「本音を聞かせてほしい。部長は何か無理しているようで、ちょっと虚勢を張っているようでもあり、大変な役目をされていることはわかっているので、その辺をもう少しざっくばらんに伝えてくれたら……」

部下であるYさんの立場になって話してみたFさんは、あらためて気づきました。相手からはこういうふうに見えていたことを。そして、相手がそういうふうに自分のことを感じていたことを。

そして、もとのFさんの席に戻ってもらい、聞いてみました。

私「Fさん、今の会話で何に気づきましたか？」

Fさん「相手にはわかっているんですね。僕の虚勢が……」

私「Yさんとしては、あなたからどんな感じで話をしてもらいたいんでしょうか？」

Fさん「もっとざっくばらんにね。自分の弱いところをさらけ出してもいい」

私「そうしたらどうなりそうですか？」

Fさん「Yさんとしても、自分の考えや、本当の気持ちが言いやすくなるかも……」
私「いいですね。自分をさらけ出すことに恐れはありますか？」
Fさん「ないと言えばウソですが、多分そのほうがお互いにわかり合える気がします」
私「やってみますか？」
Fさん「やってみます！」

その後、FさんはYさんをはじめとするチームメンバーとの1on1で、本音をさらけ出すことにしました。そして全員が集まる会議の場で、これまで親にも妻にも話したことがなかった、自分の弱い部分や、心の奥にある思いなどについての自己開示をしたそうです。メンバーの中には、涙ながらに聴いてくれた人もいたとのことでした。

その後のFさんの表情は、明らかに晴れ晴れとしたものに変わりました。チームの会議はよい意味で喧々囂々、侃々諤々《かんかんがくがく》となり、見込みのあるプロジェクトが複数立ち上がり、その一つひとつが成果を見せつつあると言います。それは、Fさんが真のリーダーに近づいた証しでもあると思います。

世の中のリーダーが意外に出来ていないことが、「自分をさらけ出すこと」です。

弱い人間と見られたくない、そして強いリーダーでなければいけないという使命感から、なかなか自分をさらけ出すことができないのが現実です。

一方、弱い部分や情けない部分をさらけ出すことによって、相手の潜在意識は安心した状態となります。弱かろうが、情けなかろうが、それを出されることによって、相手の潜在意識は安心するのです。そして、これが相手との関係性を劇的に変えていくきっかけとなることがあるのです。

大きな目的のために、そしてお互いの関係性のために、思い切って自分をさらけ出す人を、人はバカにしたりはしません。むしろ、その人を「勇気ある人」とみなすでしょう。

自己開示の習慣は、私自身も、講演や研修の講師として、よく実践する習慣でもあります。世の中にパーフェクトな人など誰一人としていません。自分自身を素直にさらけ出す人には、人は安心感と親近感を覚えるのです。

03
「それは誰の問題か?」

もっと勉強するようになってほしい

リーダーの役割には、部下の成長支援をするという大きな役割があります。ここでは、子育てを例にとって、「成長支援」という点について触れていきたいと思います。

自分の子どもに、将来のためにもちゃんと勉強してほしいと思うのは、すべての親に共通する願いではないでしょうか?

一方、みなさんもおわかりの通り、「勉強しなさい!」と言われて、喜んで勉強する子どもはいません(あなたもこの言葉、嫌でしたよね?)。そして、親の思いとは裏腹に、子どもたちはゲームやＳＮＳに夢中になり、多くの時間を勉強以外に費やしてしまうのが現実です。

では、なぜ子どもにちゃんと勉強してほしいと思うのでしょうか？

「いい高校や大学に入れるから」
「将来の選択肢が広がるから」
「自分に自信を持てる人間になれるから」

あるいは、こんな思いもあるかもしれません。

「自分が学歴で苦労したから」
「自分がちゃんと勉強しなかったことを後悔しているから」
「子どもの出来が悪いと、親として恥ずかしいから」

実に様々な思いが混ざっているのではないでしょうか？
ここで考えていただきたいのは、もし、その子がちゃんと勉強しなかったら、どんな問題が発生するか？　ということです。

「レベルの低い高校や大学にしかいけない」
「将来、満足のいく給料を得る可能性が低くなる」
「人生を楽しめない」
「人にバカにされる」
「親として恥ずかしい」

大切なことは、**「それは誰の問題か？」**ということを考えてみることです。
それは、本当にその子にとっての問題でしょうか？
それとも、親であるあなたの問題なのでしょうか？

様々な思いがある中で、「自分の優秀性を示したい」というような、親自身の見栄やエゴのために「子どもを勉強する子に変えたい」という思いが強くなる場合があります。これが強くなると、親の子どもに対しての〝コントロール感〟が強くなり、子どもが親の思いを満たすための、肩代わりの道具と化してしまいます。ひどいときには、子どもが親のリベンジの道具と化してしまうことさえもあるのです。

「私が入れなかった○○大学に、是が非でも自分の子どもを合格させたい」という思いから、子どもが望まないスパルタ教育になるようなケースです。これはアドラー心理学的に言うと、**「人を人として見る」ではなく、「人をモノ（道具）として見る」という状態です。**

これらは、教育が「子どものため」よりも「親自身のため」になっている状態であり、「子どもの気持ち不在の成長支援」でもあります。

もうみなさんおわかりのように、こういう意図でのコミュニケーションでは、子どもの意識と潜在意識の境目は、親からのアプローチに対し、ガチガチのブロックをかけてしまいます。**子どもの潜在意識が、そういう意図の強い親のアプローチに安心安全を感じないのです。**意識ではそういう親の意図を感じていなくても、潜在意識はしっかりとその意図を読み取ります。これでは、自分から勉強するような状態にはなりにくいでしょう。

仮に受験のときや、親の監視下ではしょうがなく勉強しても、それ以外では勉強しないという状態にもなります。

ぜひ自分に問いかけてほしいのは、「これは誰の問題か？」ということです。

そして、その人を「人として見ているのか？」、自分の目的や欲求を満たすための「モノ（道具）として見ているのか？」ということです。仮に、モノとして見ている場合、大事なのは、モノとして見ているという事実に気づくことです。

また仮にそうであったとしても、モノとして見ていた自分にダメ出しをせず、気づいた自分を承認してあげてください。

自分を承認したら、今度は「相手にとって大切なことは何か？」を考えながら、相手への承認を持って接してあげてほしいのです。

子どもと一緒に、「勉強＝快」、「練習＝快」をどうつくるか、工夫を話し合ってみるのもいいでしょう。**特に、子どもの頃に「勉強＝快」の方程式が脳内に染みつくと、勉強することが「快の感情」を伴うものとなり、一生の習慣となっていきます。**

スポーツや楽器などの練習も同様です。「練習＝快」になった人は、暇さえあれば練習するようになります。よく言う「練習の虫」タイプの人は、練習が楽しくて仕方がないのです。こうなると、勉強にせよ運動や音楽や仕事のスキルにせよ、自然とレベルアップしていくようになります。

私の息子が小学生だった頃、よく一緒にジョギングをしていました。これが習慣になるまでは、嫌がる日もありました。ここで大事なのは、無理やり走らせる前に、毎朝走ることのメリットを考えてみることです。

会話はこんな感じになります。

私「何で今日は走りたくないの？」
息子「寒いから」
私「運動については、どうなりたいのかな？」
息子「水泳が上手くなりたい」
私「水泳が上手くなるには、どんなことが大事？」

息子「キックが強くなること」
私「毎日ちゃんと走ることは、それにとって重要だと思うけど、どう?」
息子「でも、今日1日ぐらいは走らなくてもいい」
私「そうか、パパは構わないよ。パパは、毎日走ることが自分の健康に大事だと思っているから、今日も走る」
息子「……」
私「もしお前が水泳が上手くなるために今日も走ろうと思うなら、一緒に走ろう」
息子「……」
私「お前には水泳が上手くなってほしいと思うけど、上手くなるかどうかはお前次第だから、自分で決めたらいい」

大事なことは、このように「自分で判断してもらう」ことです。
こういう決定を相手にしてもらうアプローチを根気よく繰り返していると、子どもの自主性というものが徐々に芽生えてきます。そして、内発的なモチベーションが湧きあがってくると、しっかり行動化、習慣化していきます。

Column 2

天才の育て方

天才が育つ秘密についてのある研究があります。天才ピアニスト、天才スケーター、天才棋士など、「天才が育つ環境とはどんな環境か?」についての研究です。

研究結果として浮かび上がったことは、子どもの頃、最初に習った先生に共通点があるということです。その共通点とは、プレイヤーとしてもの凄い実績を残した先生ということでもなければ、指導者としてカリスマ性のある先生ということでもありませんでした。

それは、「楽しくやることを教えてくれた先生であること」だったのです。

ピアノであれば、上手く弾けない場合も、いちいち細かいことを指摘せず、「ピアノ=楽しい=快」という方程式を、習い始めの段階で、しっかりとインプットしてくれること。このインプットが最初にあれば、それは一生の土台として定着します。

もともと才能溢れる子どもが、この方程式を身につけると、「練習＝快」となり、放っておいても自発的に練習するようになります。このことにより、圧倒的な練習量を自然にこなすようになります。

反対に、いくら才能があっても、最初にスパルタ式の指導を受け、「ピアノ＝つらい＝苦」という方程式が出来上がってしまうと、「練習＝苦」となり、頑張って、頑張ってピアノを続けることになります。それでもそれをたくさんの量で続けると、やがて、バーンアウトという状態を起こしてしまうのです。

最初に、「ピアノ＝楽しい＝快」の方程式が定着した子どもは、思春期などにスパルタ式の猛練習の環境に入っても、燃え尽きることなく成長していきます。なぜなら、「ピアノ＝楽しい＝快」が基本にあり、そのスパルタ式を「自分のレベルを次のステージに持っていくことに必要」だと、普通に受け入れることができるからです。

04 先手必勝の習慣

もっと心の距離を縮めたい

経営者にコーチングをしていると、心が安定しているリーダーは、近い人たちとの普段レベルのコミュニケーションで、必ずあることをしていると気づきます。

それは「先手必勝の習慣」。

先手必勝ということについて、ここでは仕事の場面だけでなく、仕事の充実のために、大切な土台となる家庭における場合も含めて考えていきたいと思います。

家庭が充実すれば、仕事も充実するのです。これは、優れたリーダーが優れたリーダーである秘訣なのかもしれません。

毎日顔を突き合わせているのに、会話は用件や依頼についてだけが中心。本音のところはお互いわかっていないかもしれない。もっとお互いの距離を縮めたいのに、何となく毎日が過ぎる。

夫婦間であったり、上司部下の関係であったり、「もっと心の距離を縮めたい」と思いながらも、関係が希薄になっている感じがする状態が続くことがあります。

例えば、夫婦の間で交わされる会話が、

「○○の件、決めてくれた?」

「△△早くやっておいて」

などの要件ベースばかりで、かってあったような雑談やお互いの趣味の話、そして気持ちの共有などは、ここ数年交わした覚えがない。ましてや、甘い会話など、遥か記憶の彼方《かなた》に消えている。こんな状態はよくないと思いながらも、どうしていいのかわからない……。

これらは、近い関係だからこそ起こりやすい問題であるとも言えます。自分では気づかないうちに、相手への甘えや、依存が起こっているかもしれません。期待が高かったり、甘えがあったりすると、気づかないうちに起こっているのが、相手に対し「このくらいのことは、言わなくてもわかっているだろう」とか、「こういうことぐらいは、してくれるはずだ」というような感覚です。会話をしていなくても、相手が様々なことをしてくれるのが「当たり前」になっているのです。

そして、相手が期待通りに動いてくれないと、それは不満や怒りになります。つまり、お互いに相手からのアクション待ちになりやすく、期待値が高いがために、そのアクションについての不満足も起こりやすくなっているのです。

ここでも、まずは基本に戻ります。相手への承認です。

承認をしっかり持ち続けると、自然に感謝の気持ちも増してきます。この承認から感謝という流れが、とても重要です。

「当たり前」と「感謝」

ところで、「感謝」の反対は何でしょうか？

そう、「当たり前」です。

当たり前だと思っていることには、感謝の気持ちは湧いてきません。あなたも、次のようなことを当たり前だと思っていませんか？

「蛇口をひねれば、飲み水が出てきて当たり前」
「時刻表通りに電車が来て当たり前」
「妻たるもの、ご飯をつくるのは当たり前」
「夫たるもの、お金を稼いでくるのは当たり前」
「部下たるもの、指示にちゃんと従うのが当たり前」……

「この蛇口を母国に持って帰りたい」

日本に来ていたアフリカ人の留学生が、日本の水道の水を飲んでこう言いました。

数年前、2週間に渡るイタリア旅行から帰って来たとき、日本の電車が分刻みで正確に駅に入って来てくれることに、あらためて感動しました。


このように、当たり前と思っていたことが、当たり前ではないと気づいたときに、感謝の気持ちは生まれます。

様々な家事をやりながら、パートナーが毎日のご飯をつくってくれるのは、当たり前でしょうか？

ストレスやプレッシャーを抱えながら、パートナーが家族のために働き、給料を稼いできてくれるのは、当たり前でしょうか？

部下だからと言って、指示した通りに動いてくれるのは当たり前でしょうか？

近い関係ほど、相手に対する「当たり前」の感覚が起きやすいのです。

近しいがゆえに、当たり前の感覚が起きやすい関係だからこそ、ぜひしていただきたいのは、「先手必勝」の習慣です。

感謝するのも先手必勝。「ありがとう」の声をかけるのも先手必勝。**相手に「これぐらいのことはやってくれるだろう」という期待があるならば、逆に同じように相手が思っているだろうあなたへの期待を、先手必勝で先に満たしてあげる。**

もし、妻が子育てや家事に追われていたら、何も言わずに食後のお皿を洗ってあげる。これも先手必勝です。部下がつらそうな表情をしていたら、「何があった？」と声をかけてあげる。これも先手必勝。

しかし、「それができれば理想だけど、こっちにもそんな余裕はないんだけど」と思うかもしれません。そして、「何かいつも自分からやるのは、しゃくだな」という気持ちもあるかもしれません。

例えば、かつて私も皿洗いをするときに「忙しいのに、こんなことやっている場合か！」と思いながら、皿洗いをしていました。こんなふうに思いながらやっていると嫌になります。嫌になるどころか、妻に対する怒りさえ出てくる始末。

そこで、皿洗い中にセルフコーチングをしてみました。

まずは、皿洗いをしながら怒りが込み上げている自分の位置から数歩先の位置まで移動します。

移動したら、手足をブラブラさせながらリラックスしてみます。そして、先程皿を洗っていた自分がいたところを、そこに自分がいるような感覚で見てみました。皿洗いをしながら怒っている自分を外側から客観的に見る感じです。あるいは、怒っている自分のビデオを見るような感じと言ってもいいでしょう。

そんな感じで見てみると、すぐに自分の中に浮かんできたのは……

「どうせ時間を使うのなら、〝今はこれをやることが大切なんだ〟と思って皿洗いをやればいいのに」という言葉でした。

怒っている自分を外から見てみると、せっかくの時間を、愚痴をこぼしながら、しかもそれによって怒りまで起こしている自分が滑稽に思えて仕方なかったのです。

それからは、切り替えてみました。

皿を洗うときも休日に掃除機をかけるときも**「今はこれをやっている場合だ！ こ**

掃除機がけも皿洗いも、先手必勝！
前向きな気持ちで取り組むと自然と相手が変わる

れをやることが最高の未来をつくるんだ！」と思いながらやる習慣をつけてみたのです。

すると、不思議なことにそれまでイヤイヤやっていた家事も、淡々とルーティンをこなすようにできるようになりました。「家族に貢献している」とか「自分の未来に貢献している」という感覚さえ湧いてくるようになりました。

そんな感じになってくると、一日の仕事を終え帰宅した後も、妻がちょっと家事や在宅ワークに手が回っていない感じがするとき、先手必勝で、皿洗いをすることができるのです。さらには、時として、リラックスするためのよいテンポの一つになっている感じさえあるのです。

先手必勝をこちらから続けることで、相手の心も開き、やがては相手からのコミュニケーションの働きかけが始まります。大事なことは、相手の態度の変化や、相手からのリアクションがあまりなくても、「こっちがこれだけ先に働きかけているのだから、呼応するのが当たり前だろ！」とならないこと。これが、大事です。

先手必勝を続ける習慣は、相手が当たり前と思っている欲求をこちらが先に満たしてあげる習慣でもあります。

相手が当たり前と思っていることでも、実のところ、仕事場や実生活の中ではそれらが当たり前に満たされることは意外に多くありません。それをあなたが先手必勝でどんどん満たしてあげれば、やがて相手は、それらが感謝すべきことであると気づくのです。そうすれば、相手の態度は自然に変わっていきます。

この習慣が、相手が変わっていくことの第一歩につながり、その先に、お互い腹を割って話すことのできる関係性が築かれることにつながっていくのです。

「人の話をちゃんと聴く」「部下が動きやすいようにサポートする」「責任をちゃんと取る」など、部下があなたにリーダーとして当たり前のようにやってほしいと願っていることはなんでしょうか？

あなたは、それらを把握していますか？

そして、それらを当たり前のように、やっていますか？

これからあらためてやることは、それらのことを、先手必勝で満たしてあげることなのです。

Column 3

イチローは「俯瞰《ふかん》の習慣」を持っていた

皿洗いのとき、私が行ったセルフコーチングが「自分を客観的に見る」。これを俯瞰するとも言います。

悩んでいるときなどの自分自身を、外側から見てみるというやり方です。

ヤクルトと日本ハムで活躍し、2000本安打を達成、WBCの日本代表として4番を務め、現役引退後は日本代表チームの監督まで務めた稲葉篤紀《いなばあつのり》という選手がいます。稲葉さんは愛知県出身で、同郷のイチローさんの1歳上。イチローさんとは少年の頃からお互いを知っていたという仲です。

稲葉さんが現役を引退した年、あるテレビのニュース番組のスポーツコーナーで、当時フロリダマーリンズのキャンプに入っていたイチローさんを、稲葉さんがインタビューするという企画がありました。

しかし、インタビューが始まってみると、頻繁に質問していたのは、稲葉さんではなくイチローさんのほうでした。その中で、イチローさんから稲葉さんへの質問の一つが、稲葉さんの引退のきっかけについてでした。

稲葉さんの答えは、40歳を超えて、自分の体力の衰えとともに若い選手に追い越されていく現実を、どんなにあがいても克服しようがないと痛感したことでした。

そこでのイチローさんの質問が実に興味深いものでした。

「あがいた後に、ふっと（自分自身から）抜けてみたことはないですか？」

これは、思い詰めた後に、一度自分を外側から俯瞰して見てみたか？　という質問だったのです。稲葉さんの答えは、「それができなかった。もうずっと思い詰めちゃった」というものでした。

このとき私は、「イチローさんは自分を俯瞰する習慣を身につけているな」と正直驚きました。おそらくイチローさんにも、スランプや世界のトッププレイヤー特有の悩みごとはたくさんあったと思います。彼は悩んだり苦しんだりしているとき、この俯瞰の習慣を活用して、克服の手掛かりを得ていたのでしょう。

これも、イチローさんが20年以上もの長きに亘《わた》り、世界の第一線で活躍し続けることができた秘訣の一つなのではないかと思います。

05 褒めることが難しい部下とのコミュニケーション

部下の心のエネルギーを上げる

「褒める運動」などを推進している組織で、**「褒めるところが見つからない人に対して、どうしたよいかわからず困っている」**という声を聞くことがあります。

そういったときは、褒めるという観点だけでなく、**「相手を承認する」**という捉え方をすることをお勧めしています。

例えば、部下がよい結果を残してくれたとき

「あなたの今回の業績は素晴らしい。チームに大きな貢献をしてくれました。ありが

とう」

と褒めることができます。このように、部下が結果を残した場合は、自然に褒められるでしょう。これは、**「結果への承認」**です。

一方、チャレンジし、一生懸命努力したのだけど、結果がついてこない場合もあります。こういった場合は、これまでもお伝えしてきたように、**相手の未来の能力（可能性）を承認**しながら、こんなふうに伝えることができます。

「あなたがこの難度の高い仕事にチャレンジしたこと自体が、とても価値あることだと思います。振返りをしながら続けていけば、結果はついてくると信じています」

これは、相手の未来の能力への承認であり、プロセスへの承認でもあります。これは、言わば**「行動への承認」**です。

部下は、一生懸命取り組んだのに、結果がついてこなかったことに、落ち込んでいるかもしれません。そんな中、リーダーからこのような声がけがあると、相手の**心のエネルギー**は回復し、未来の成功確率は、確実に高まっていくでしょう。

次は、結果も残しておらず、行動もあまりできていない場合です。このような場合、ややもすると、相手にダメ出しやレッテルを貼ってしまうことも起こりえます。そんなときは、相手を評価することをやめ、**相手の話をしっかり傾聴して、考えていること、感じていることについて情報収集をする**ことをお勧めします。

例えばこんな感じです。

上司「今の自分の状態をどう見ている？」

部下「……」

上司「モチベーションとか」

部下「高いとは言えませんね……」

上司「何がそうさせている感じ？」

部下「やっていることに自信がないんです」

上司「自信がないかあ」

部下「それに、まわりのメンバーの足を引っ張っているとも感じています」

上司「そう感じているんだ」

部下「私がもっとちゃんとしていれば、まわりのメンバーはもっと自由に動くことができるんじゃないかと……」
上司「どんな気持ちなの？」
部下「悔しいというか、ちゃんと動けない自分が情けないというか……」
上司「そういう気持ちがあるんだね」
部下「はい」
上司「そういった気持ちが持てるということ自体が私は素晴らしいと思うな。そんな気持ちがある君だからこそ、これからちゃんと動いていけるのでは？」
部下「そう言っていただけると、救われます」
上司「それに、そんなふうに仲間のことを考えていることが、やがて相手にも伝わるのではないかな」
部下「ありがとうございます」
上司「では、これから何をしていったらよいかを、一つひとつしっかりと考えてみよう」
部下「わかりました！」

この場合、部下はまだ結果も残せていないし、然《しか》るべき行動もあまり取れていない状態です。上司としては、そのことについて満足できないでしょうし、そのことにイライラや怒りもあるかもしれません。

しかし、**ダメ出しや叱責をしても、何の効果もないどころか、事態をさらに悪くしてしまう**のは、ここまでこの本を読んできたあなたにはすでにおわかりでしょう。

有効なことは、ここでも承認。

人は承認されると、心のエネルギーが上がります。

上司と部下の共通目的は、結果を出すこと。そのための手法として、優れたリーダーは、ダメ出しや叱責というような選択は取りません。なぜなら、それをすると、相手の心のエネルギーが失われ、共通目的を達成することがより困難になってしまうからです。また、そういうことが繰り返されると、やがて、相手の心が壊れてしまう可能性すらあるのです。

この会話にあるように、結果を残せていない部下の状況や気持ちを詳しく傾聴していくと、相手を承認できるポイントが見つかります。賞賛すべき結果を残せていなくても、然るべき行動を起こせていなくても、この部下は、仕事や自分の役目のことを考えて、忸怩《じくじ》たる思いを持っていました。それは承認に値することです。

そこで、この上司は**「そういった気持ちが持てるということ自体が私は素晴らしいと思うな」**と、すかさず承認のメッセージを送っています。これは**「感情への承認」**です。

さらには、「そんなふうに仲間のためを考えていることが、やがて相手にも伝わるのではないかな」という、言わば**「思考への承認」**も送っています。

このように、業績として褒めてあげられることはなくても、相手を承認することができるチャンスは、傾聴によって見つけていくことができるのです。

リーダーの心からの承認によって、相手の心のエネルギーは上がり、やがて小さな行動へと一歩踏み出す勇気が持てるようになります。この勇気と行動をつくり出すのが、リーダーの役目。だから、この役目をしっかりと果たすリーダーは、「相手が思わず動きたくなる」状態をつくり出すことができ、お互いの共通目的を達成する確率を上げていくことができるのです。

Column 4

存在自体を承認する

結果への承認や行動への承認など、承認にはいろいろな段階がありますが、究極の承認は**「存在への承認」**です。

存在への承認とは、**相手がそこに存在していることに対しての承認であり、感謝の気持ち**です。

例えば、私がいつも、その存在への承認と感謝を強く感じるのは、飼っている猫（サバトラでかなりハンサム）です。

心理学をベースに仕事をしているとはいえ、私もやはり人間ですから、心が疲れることはあります。

そんなときは、**心が疲れるまで頑張っている自分自身を承認**します。そして、その愛猫を抱き抱えることで、不思議なほど気持ちと心が癒やされていきます。

猫が励ましの言葉をかけてくれるわけではなく、何をやってくれるわけでもないですが、私の心のオアシスとしてちゃんと存在してくれています。そんな猫に「ここにいてくれてありがとう」と心からの「存在への承認」を送りたくなるのです。

あなたの会社の、まわりの人たちの場合はどうでしょうか？

ある日、誰も出社せず、空席だらけのオフィスで、あなただけが他の人の仕事も抱えながら働くことを想像したら、ちょっと気が遠くなるのではないでしょうか？

それを思えば、そこに存在してくれていること、ちゃんと出社してくれることにも、感謝と承認を送ることができるのではないかと思います。

これは、あなたの家族にも、ですね。

存在への承認、これを意識してみると、世の中、相手を承認できること、感謝したくなることだらけではないかと思うのです。

おわりに

この本を最後まで読まれたあなたは、リーダーとして、本質的なレベルアップをする準備がすでに整っていることでしょう。

さあ、これからは、「知っている」を「やっている」にするステージが始まります。

日々のゴールには、達成可能な「小さなゴール」をぜひ設定してください。それを日々一つずつ達成していくことによって、あなたの中の自己承認も高まり、相手を承認する力も同時に養成されていきます。自分と相手の可能性と本来の偉大なる姿、そして最高の笑顔を想像しながら実践を続けてみてください。

これらの習慣の実践は、あなたのリーダーとして豊かな土台を築き上げていく活動でもあるのです。

私が代表を務める株式会社チームダイナミクスでは、「休み明けの朝、元気に仕事に向かう人たちをこの社会に増やす」をパーパスに、マネージャー層向けのリーダーシッププログラムや、社内コーチ養成プログラム、社員の自主自律性向上プログラムをはじめとした研修プログラムを提供しています。ありがたいことに、これらは常に95%以上のリピート率をいただいています。

また、経営課題や人材育成課題に悩まれる経営層に対しては、エグゼクティブコーチングを提供し、こちらも大変好評をいただいています。

ご相談の際は、inquiry2019@teamdynamics.co.jp までご連絡ください。

あなたとあなたの組織のお役に立てることを心待ちにしております。

最後に、多くの方々とのありがたいご縁により、この本の出版に至ったことを心から感謝いたします。

そして何よりも、この本を手に取って、読んでいただいたあなたに心から感謝いたします。

この本があなたのお役に立つことを切に願っております。講演や、研修、コーチングなど、様々なかたちでお会いできることを心から楽しみにしています。

あなたは力です。
力の結晶です。

三浦 将

本書は、クロスメディア・パブリッシングより刊行された単行本『相手を変える習慣力』を、文庫収録にあたり改題のうえ、加筆、改筆、再編集したものです。

三浦　将（みうら・しょうま）

株式会社チームダイナミクス代表取締役、人材育成・組織開発コンサルタント／エグゼクティブコーチ、早稲田大学オープンカレッジ講師。英国立シェフィールド大学大学院修了（MSc：Master of Science　理学修士）、大阪府立大学工学部（現大阪公立大学）卒業。

　大手広告会社、リーバイスなどの外資系企業を経て、株式会社チームダイナミクス設立。

「休み明けの朝、元気に仕事に向かう人をこの社会に増やす」をパーパスとし、人材育成・組織開発コンサルティングや企業研修プログラムを提供。アドラー心理学やコーチングの技術を駆使した手法で、リーダーシップと自律性のある人材の育成をはじめ、従業員エンゲージメント向上や、心理的安全性の高い組織作りをサポートする。学習内容の実践と習慣化による「本質的変化の実現」を重視したプログラムが評価され、研修リピート率は95％超。企業や大学などでの講習実績も多数。

『自己肯定感が高まる習慣力』（三笠書房《知的生きかた文庫》）、『自分を変える習慣力』『チームを変える習慣力』（クロスメディア・パブリッシング）他、著書累計30万部超。

知的生きかた文庫

リーダーのコミュニケーション習慣力《しゅうかんりょく》

著者　三浦《みうら》　将《しょうま》
発行者　押鐘太陽
発行所　株式会社三笠書房
〒一〇二-〇〇七二　東京都千代田区飯田橋三-三-一
電話〇三-五二二六-五七三四〈営業部〉
　　〇三-五二二六-五七三一〈編集部〉
https://www.mikasashobo.co.jp
印刷　誠宏印刷
製本　若林製本工場
© Shoma Miura, Printed in Japan
ISBN978-4-8379-8806-9 C0130

＊本書のコピー、スキャン、デジタル化等の無断複製は著作権法上での例外を除き禁じられています。本書を代行業者等の第三者に依頼してスキャンやデジタル化することは、たとえ個人や家庭内での利用であっても著作権法上認められておりません。
＊落丁・乱丁本は当社営業部宛にお送りください。お取替えいたします。
＊定価・発行日はカバーに表示してあります。

知的生きかた文庫

マッキンゼーのエリートが大切にしている39の仕事の習慣
大嶋祥誉

「問題解決」「伝え方」「段取り」「感情コントロール」……世界最強のコンサルティングファームで実践されている、働き方の基本を厳選紹介！ テレワークにも対応!!

成功者3000人の言葉
上阪 徹

「向き不向きなんてない」「苦しいがないと楽しいもない」「何も持ってないは武器になる」――、各界トップランナー3000人以上の取材から見えてきた「成功の本質」とは？

自分を劇的に成長させる！ PDCAノート
岡村拓朗

「PDCA」は1冊のノートで誰でも回せる！「見える化・仕組み化・習慣化」の3つのルールで、仕事の質とスピードが高まり、成長速度もアップ。これなら回せる、人生が変わる!!

1万人の脳を見てわかった！「成功脳」と「ざんねん脳」
加藤俊徳

仕事も人生も、すべては「脳の使いかた」ひとつ。日常の〝小さな刺激〟で8つの脳番地が目覚める！ 脳科学者が20歳のときに知っておきたかった〝脳の秘密〟とは――

自己肯定感が高まる習慣力
三浦 将

わずか3週間、楽しみながら自分を変える！ 「いつもより10分早く起きる」「その日感謝したことを3つ書く」他、小さな行動習慣を変えるだけで、潜在能力が開花する!!

C50458